Paul Bartsch

LiveRillen No. 4

Konzerte aus sechs Jahrzehnten Rockmusikgeschichte – direkt vom Plattenteller abgedreht

Radio CORAX auf UKW 95.9 KHz und weltweit im Netz:

https://radiocorax.de

Hinweise in eigener Sache:

Aufgrund der Vielzahl und des Alters der im Text erwähnten Schallplatten ist es schier unmöglich, die jeweiligen Bild- und Urheberrechte für die Cover bei den größtenteils nicht mehr existierenden Labels zu klären. Ich habe die Cover hier *in durchaus werbender Absicht* in den Text eingefügt. Als *Quelle* sind die konkreten Plattenausgaben mit Label und Erscheinungsjahr angegeben. Sollte(n) sich der oder die Inhaber der jeweiligen Rechte dennoch benachteiligt fühlen, bitte ich um entsprechende Information – sicher finden wir gemeinsam eine probate Lösung.

Falls Sie Interesse haben, die eine oder andere LiveRillen-Sendung komplett nachzuhören, stelle ich Ihnen diese gern zur Verfügung. Die mp3-Datei wird Ihnen per *WeTransfer* übertragen und ist *ausschließlich für den privaten Gebrauch* gedacht!

Anfragen richten Sie bitte per Mail an: liverillen@gmx.de

Titelfoto: © Hannes Wiedemann | Leipzig | 2021
Herstellung und Verlag: BoD – Books on Demand, Norderstedt
ISBN: 9783754354247
1. Auflage | Mai 2022
Preis: 9,00 Euro

Noch 'ne Rille vorneweg

Tja, was soll ich sagen? Ich bin schlichtweg überwältigt, denn mit diesem vierten Band der gedruckten *LiveRillen* habe ich tatsächlich die 50. Sendung erreicht, was immerhin einem Kontinuum von gut vier Jahren entspricht. Und auch wenn es wie eine Floskel klingt: Es macht mir heute mehr Spaß denn je, mir die monatlichen Themen auszudenken, die geeigneten Platten aus dem Regal zu nehmen, die Titel durchzuhören, mein Buch- und Zeitschriftenarchiv zu durchstöbern und im Netz nach weiteren Informationen zu suchen. Mir kommt natürlich entgegen, dass ich inzwischen ein echter „Ruheständler" sein darf, der sich auch die Zeit nehmen kann für eine derartige, nicht unaufwändige Liebhaberei.

Zudem bin ich sehr dankbar, und das gleich in verschiedene Richtungen. Zuallererst in Richtung Hörer- und Leserschaft – dieser Dank geht also an euch und Sie! Tatsächlich habe ich in den vergangenen Jahren zahlreiche ermutigende Rückmeldungen zu meiner Sendung – und dann auch zu den 2021 erschienenen ersten drei Büchern – erhalten; daraus haben sich teilweise dauerhafte Kontakte ergeben, und so manchen wertvollen Hinweis und diverse thematische Anregungen konnte ich dem freundlichen Austausch auch entnehmen.

Dann bin ich natürlich dem freien *Radio Corax* hier in Halle dankbar, dass ich diese Sendung inhaltlich und redaktionell vollkommen eigenständig realisieren kann. Selbst in verschärften Pandemiezeiten ist keine Sendung ausgefallen, und wenn nichts dazwischenkommt, peile ich mal die 100. Sendung an, die – Moment, ich muss nachrechnen – im August 2026 laufen müsste. Warum eigentlich nicht?!

Und immer wieder bin ich dankbar und voller Demut gegenüber den großartigen Musikerinnen und Musikern, deren Konzertaufnahmen mir für die abwechslungsreiche Gestaltung der LiveRillen zur Verfügung stehen. Mein privates Plattenarchiv enthält inzwischen über tausend Live-Alben, in denen man sich auch schon mal verlieren kann – insofern muss ich auch meiner Frau dankbar sein für ihre Toleranz gegenüber dem, was da inzwischen deutlich mehr als ein Hobby geworden ist.

Dass die *LiveRillen* – als Radiosendung wie als Buchausgabe – inzwischen auch in den Medien wahrgenommen werden, ist ebenfalls sehr erfreulich. So hat ihnen (und mir) die renommierte *Zeitschrift für Vinylkultur MINT* in der Augustausgabe 2021 ganze vier Seiten gewidmet! Die Zeitschrift *GoodTimes – „Music from the 60s to the 80s"* (die zu meinen wichtigsten Quellen gehört) schreibt in ihrer Rezension in Ausgabe 4/2021, die *LiveRillen*-Bände böten „die (auch preislich) günstige Chance, sich noch einmal in aller Ruhe mit den vorgestellten Themensongs zu befassen und den ebenso kurzweiligen wie interessanten Hintergrundinfos zu widmen". Und der Musikexperte der *Mitteldeutschen Zeitung*, Steffen Könau, nennt es am 15. Januar 2022 ein „*Leben mit einer klingenden Leidenschaft*" und lobt die Bücher für ihre Darstellung „*von Hintergründen, Zusammenhängen und Querverweisen zwischen Stars und ihrer Zeit, Sounds und Moden, Geschichte und Geschichten".* Das alles macht Mut zum Weitermachen – vielen Dank!

Nun also liegt der vierte Band der *LiveRillen* vor, und er ist mit 160 Seiten noch etwas umfangreicher als seine Vorgänger geworden, was darauf verweist, dass es tatsächlich eine Menge zu erzählen gibt. Berechtigterweise könnte man einwenden, dass Neues im eigentlichen Sinne des Wortes da kaum vertreten ist – zugegeben: Ich beziehe die meisten Informationen aus zweiter Hand, worunter hier diverse Off- und Online-Medien zu verstehen sind – analog also und digital. Das ist aber nicht nur notwendig, sondern legitim, solange man nicht der Unsitte verfällt, die jeweiligen Quellen zu verschweigen und so zu tun, als sei das alles auf dem eigenen Mist gewachsen.

Ganz eigen dagegen sind die Auswahl der Themen und Titel und meine darin zum Ausdruck kommenden Vorlieben und Bewertungen. Da will und kann ich auch nicht aus meiner Haut. Insofern werde ich wohl auch künftig keine Musik vorstellen, die mir nicht grundsätzlich etwas bedeutet oder die nichts mit mir und meiner Biografie zu tun hätte. Dabei muss ich nicht unbedingt Fan sein, um Musik spannend zu finden und zu mögen. Dass sie uns in schwierigen Zeiten begleiten und helfen kann, war doch gerade in den zurückliegenden zwei Jahren der coronabedingten Einschränkungen und der weitgehenden Konzertabstinenz unmittelbar zu erleben – vielleicht haben ja auch die *LiveRillen* da einigen Frust mildern und das Warten auf die hoffentlich bald wieder möglichen Live-Erlebnisse erträglicher machen können?! Mir zumindest ist es so ergangen.

Noch ein Wort zu den Platten selbst, die ja die Basis bilden für den analogen Hörgenuss im digitalen Zeitalter. Es ist doch wirklich erfreulich, dass Totgesagte wieder auferstehen können, und wie! *„Zum ersten Mal seit 1986 werden in diesem Jahr mehr Schallplatten als CDs verkauft",* jubelte der Rolling Stone im September 2019 und fuhr fort: *„Das macht LPs zur rentabelsten Form analogen Musikvertriebs."* Nicht von ungefähr macht die Metapher vom *Schwarzen Gold* die Runde (wobei das Vinyl heute durchaus auch farbig daherkommen kann; früher wurde da tatsächlich Ruß zugesetzt – ohne Quatsch!). Und der Trend hat sich verstetigt; so wurden im Jahr 2020 in Deutschland rund 4,2 Millionen Schallplatten – und damit 800.000 mehr als im Jahr zuvor – verkauft. Jüngst hatte ich die Gelegenheit, das weltbekannte Studio von Günter Pauler in Northeim (Pauler Acoustics / Stockfisch-Records) zu besuchen, und ich stand ehrfürchtig vor einer der fünf weltweit (nur) noch existierenden Maschinen, die im DMM-Verfahren die Rillen mittels eines Diamanten in eine Kupferfolie schneiden können – so entsteht dann die Mutter der Schallplatte, von der durch einen galvanischen Prozess die eigentlichen, zur besseren Haltbarkeit verchromten Negativ-Matrizen abgezogen werden, die dann wiederum die klingenden Rillen ins Vinyl pressen. Seitdem betrachte ich meine Sammlung mit anderen Augen, ganz gleich, ob die Platte nun Jahrzehnte auf dem Buckel hat (was man freilich auch hört) oder frisch aus dem Presswerk kommt…

No. 39: Belcanto Italiano – Politiska sånger från Sverige

Juni 2021

Der Sommer steht vor der Tür, Urlaubsreisen dürfen auch wieder geplant werden, und so sollen heute zwei bei uns Deutschen äußerst beliebte Urlaubsregionen in den musikalischen Blick, besser gesagt in den Ohrenschein genommen werden. Das Motto der reichlichen ersten Stunde lautet: *Belcanto Italiano!*

Italien und *Musik*, das sind ja fast Synonyme, auch wenn man traditionell vielleicht zunächst an die große italienische Oper denken mag: An *Verdi* oder *Puccini*, an *Paganinis* Virtuosität, oder auch an *Palestrinas* Renaissancemusik und an *Vivaldis* „Vier Jahreszeiten". All das war ja zur jeweiligen Zeit auch das, was wir heute als populäre Musik bezeichnen, und so kann ich guten Gewissens überleiten zu dem, was das Mittelmeerland diesbezüglich in unserer Zeit zu bieten hat. Da liegen gewisse Assoziationen nahe, aber wer nun *Adriano Celentanos* „Azurro" erwartet und *Albino & Romeo Power* oder wie sie hießen, den muss ich leider enttäuschen. Dafür gibt es zunächst diese großartige Rockröhre – eine gewaltige Stimme, die aus einer schmalen, kleinen Frau kommt, zu der es im Anschluss noch einiges zu sagen gibt.

Gianna Nannini: Primadonna

Unschwer zu erkennen: *Gianna Nannini* mit einem ihrer großen Hits: „Primadonna" – eines ihrer vielen, zumeist gallig-ironisches Liebeslieder. So heißt es etwa in „Fotoromanza", einem anderen Song, der sich drei Monate lang an der Spitze der italienischen Charts hielt: *„Diese Liebe ist wie ein brennendes Gebäude in der Stadt / eine dünne Klinge / es ist eine Zeitlupenszene / Diese Liebe ist eine Bombe im Hotel / eine Finte im Ring / Sie ist eine Flamme, die am Himmel explodiert / diese Liebe ist vergiftete Eiscreme"* – das lässt schon ein wenig von der eigenwilligen Poesie der in Siena geborenen Künstlerin ahnen – in wenigen Tagen, am 14. Juni (2021), wird sie 67 Jahre alt.

Schon als Jugendliche hat sie sich konsequent den traditionellen Geschlechterrollen des italienischen *Machismo* entzogen, hat selbstbewusst provoziert, aber zugleich auch intellektuell und künstlerisch überzeugt. Nach dem Abitur studierte sie in Mailand zunächst Klavier und Komposition, später noch

Literaturwissenschaft und Philosophie; ihre Promotionsarbeit zum Thema „Körper und Stimme" erhielt 1994 an der Universität ihrer Geburtsstadt Siena ein „Summa Cum Laude".

Mit Anfang Zwanzig debütierte sie als Sängerin eigener anspruchsvoller Texte am Piano, doch die Pianistenlaufbahn fand ein jähes Ende, als sie bei einem Ferienjob an einer Konditoreimaschine drei Fingerkuppen einbüßte. Während eines Amerika-Aufenthalts infizierte sie sich Ende der 1970er Jahre unheilbar an der Musik der dortigen Singer/Songwriter-Szene – und ist fortan in diesem stilistischen Segment erfolgreich unterwegs. Im Laufe der Jahre sind gut zwanzig zumeist rockige Alben von ihr erschienen, die nach wie vor Spitzenplätze auf dem Stiefel erzielen – 2019 kam mit „La Differenza" ihre bislang letzte Platte heraus.

Mir ist ganz besonders ihr 1991 erschienenes Livealbum „Gianissima" wichtig, das die stilistische Bandbreite zwischen straighten Rocknummern und emotionsgeladenen Balladen facettenreich auslotet und zudem noch mit einem tollen Sound überzeugt. Aufgenommen wurde die Platte während ihrer „Scandalo Europian Tour" 1990 unter anderem in Köln; das Bass/Schlagzeug-Fundament ihrer kraftvollen Live-Band lieferten mit *Hans Bäär* (eigtl. *Hans Maahn,* der Bruder von *Wolf Maahn*) und *Rüdiger Braune* übrigens zwei ehemalige Mitglieder der New-Wave-Band *Kowalski* aus dem Ruhrpott.

Immer mal wieder sorgten ihre freizügigen Texte und ihr öffentliches Bekenntnis zu ihrer Bisexualität für kleine Skandale, die sie dann wiederum zu Songs

verarbeitete – wie gleich zu hören sein wird, das Stück heißt auch genauso: „Scandalo". Davor noch *der* Aufreger-Titel des Jahres 1979: „America" zum Thema Selbstbefriedigung, aber warum soll nur ein *Mick Jagger* von „Satisfaction" singen dürfen? – Hier ist *Gianna Nannini...*

Gianna Nannini: America / Scandalo

Heute lebt die engagierte Feministin mit ihrer Partnerin und ihrer Tochter in London, nachdem sie vor einigen Jahren wegen Steuerhinterziehung in großem Stil ins Visier der italienischen Finanzbehörden geraten war – es soll um Millionen gegangen sein – Geld verdirbt halt den Charakter.

Musikalische Experimente hat sie in Richtung Chanson und auch Rockoper unternommen, stets aber zurückgefunden zur frechen, provokanten Rockattitüde, die das treue Fan-Publikum ja auch von ihr erwartet. Dass sich die sangliche

Melodik ihrer Kompositionen häufig mit der scharfen Satire ihrer Texte beißt, ist durchaus absichtsvolles Konzept, und die Fans lieben sie dafür.

Gut nachzuvollziehen bei den beiden folgenden, auch kommerziell äußerst erfolgreichen Stücken: „Sorridi" und „Bello E Impossibilé" – *Schön und unmöglich* – vor allem dieser Song hat ganz sicher die Sprachgrenze des Italienischen überwunden und ist auch hierzulande durchaus populär.

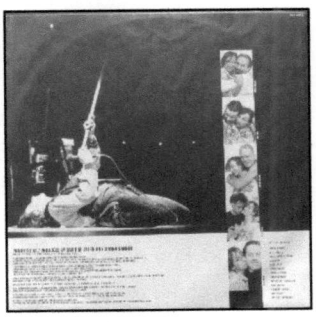

Gianna Nannini: Sorridi / Bello E Impossibilé

Das expressive Organ von *Gianna Nannini* wurde schon oft mit *Janis Joplin* verglichen, was ihr selbst wohl auch nicht ungelegen kommt. So findet sich auf dem Livealbum „Gianissima" auch ihre Fassung des *Kris-Kristoffersen*-Titels „Me And Bobby McGhee", den *Janis Joplin* wenige Tage vor ihrem frühen Drogentod am 4. Oktober 1970 mit ihrer *Full Tilt Boogie Band* aufgenommen hatte – er wurde postum auf der LP „Pearl" veröffentlicht und zu einem der größten Erfolge der Sängerin, die nur 27 Jahre alt wurde. Hier ist die durchaus hörenswerte Fassung von *Gianna Nannini*.

Gianna Nannini: Me And Bobby McGhee

Zwei weitere Künstler aus dem *Land, wo die Zitronen blühen,* wie uns *Goethe* im „Wilhelm Meister" wissen lässt, will ich heute noch vorstellen.
Zunächst *Fabrizio De André*, ein 1940 in Genua geborener *Cantautore* – also ein Liedermacher, Songpoet und Dichtersänger. Genannt wurde er übrigens von seinen Freunden *FABER* – nicht etwa in Anlehnung an den Roman von *Max Frisch*, sondern aufgrund seiner Vorliebe für Stifte der Firma *Faber-Castell*, mit denen er seine Texte und Ideen notierte!
Er gehörte während seiner vierzigjährigen Karriere zu den anspruchsvollsten und zugleich beliebtesten Sängern Italiens, ehe 1999 der ein Jahr zuvor diagnostizierte Lungenkrebs den starken Raucher aus dem Leben riss. Ich würde aufgrund seiner Bedeutung für die linke, anarchistische Kulturszene Italiens sogar von einer gesellschaftlichen Institution sprechen. Verehrt wird er jedenfalls bis heute, und sein Grab auf dem *Cimitero monumentale* in Genua schmücken stets frische Blumen.

In dem Familiengrab steht auch eine seiner Gitarren, zudem als Beigabe eine volle Zigarettenschachtel, eine rote Clownsnase sowie Muscheln und Kieselsteine vom Strand.

Der Vater war Philologe, leitete mehrere Bildungseinrichtungen und musste dennoch miterleben, wie das früh entdeckte musische Talent seines Sohnes letztlich über das Jura-Studium triumphierte, das *Fabrizio* kurz vor dem Abschluss hinschmiss. 1961 erschien seine erste Single, es folgten Fernsehauftritte und Chansonkonzerte, die ihn im linksintellektuellen Milieu rasch bekannt machten. Seine Lieder aber widmeten sich eher den Randfiguren der Gesellschaft, den Ausgestoßenen und Abgehängten, und auch er selbst blieb trotz des zunehmenden Erfolgs stets bodenständig und dem einfachen Leben verbunden, was auch zur Scheidung von seiner ersten, diesbezüglich wohl anspruchsvolleren Frau führte.

Eines seiner bekanntesten Lieder der frühen Phase besingt die „Via Del Campo", eine Straße im Herzen der Genueser Altstadt, die insbesondere für ihre Prostitution bekannt ist und in der Angehörige aller sozialen Schichten und vieler Nationen aufeinander treffen. *Fabrizio De André* beobachtet dort die Mädchen und Frauen und besingt ihre Schönheit und ihre Würde. Mit diesem kleinen Lied – so lese ich auf der Website mein-italien.info – habe er „*nicht nur diese Straße, sondern*

auch ein Lebensgefühl unsterblich gemacht: jenes einer Stadt der Huren, der Seemänner, des rattenverseuchten Labyrinths mit Blick auf das Meer".[1]

Was es heute mit der *Via Del Campo* auf sich hat – dazu mehr nach dem Song, aufgenommen bei Konzerten Anfang 1979 und im Folgejahr bei DISCHI Records veröffentlicht.

Fabrizio De André: Via Del Campo

„Via Del Campo" – das Liebeslied für eine Straße in Genua und für ein Lebensgefühl, bei dem Geld und Besitz keine Rolle spielen… Heute befindet sich in der *Via Del Campo Nummer 29*, einem ehemaligen Musikhaus, das *Emporium-Museum*, das den Singer-Songwritern der so genannten „Genueser Schule" gewidmet ist, zu der – außer ihrem heute wohl bekanntesten Vertreter *Fabrizio De André* – noch *Luigi Tenco, Gino Paoli, Bruno Lauzi, Umberto Bindi* und *Ivano Fossati* zählen.

---

[1] https://www.mein-italien.info/musik/de-andre.htm.

Das kleine Museum beherbergt eine Fülle an Original-Vinyls, Fotografien und Erinnerungsstücken, darunter auch die „Esteve '97", eine Gitarre, die *Faber* gern auf der Bühne spielte.

Zur eigenen Mission ist auf der Website des Museums zu lesen, man widme sich dem Erhalt des künstlerischen Erbes und pflege die Beziehungen zwischen Stadt und Musik: So organisiert das Museum neben Veranstaltungen auch thematische Reiserouten in der Region und gestaltet Workshops für Schulen, in deren Lektüre-Kanon Texte von *Fabrizio De André* bis heute enthalten sind.

Neben dem eigenen Schreiben hat er Lieder von *George Brassens* ins Italienische übersetzt, auch *Bob Dylan* oder *Leonard Cohen* haben ihn nach eigener Aussage stark beeinflusst.

Im Vorjahr (2020) ist ein faktenreiches Taschenbuch von *Alessandro Bellardita* auf Deutsch erschienen: „Fabrizio de André - die Essenz der Freiheit" heißt es und bietet über den künstlerischen Aspekt hinaus einen umfassenden Blick auf die italienische Gesellschaft in der zweiten Hälfte des 20. Jahrhunderts, wobei dem pazifistischen Anarchismus besondere Bedeutung zukommt.

Nun wieder zwei Lieder von *Fabrizio De André*. Zunächst „La Canzone Di Marinella" – der *Klagegesang der Marinella*, die sich mit 16 Jahren nach Gewalt- und Missbrauchserfahrungen das Leben nimmt. Danach „Bocca Di Rosa" – der *Rosenmund*, eine unorthodoxe Frau, die das Leben einer Gemeinde durch ihre freizügige Lebensweise aufmischt: *„Manche lieben aus Langeweile, / Andere wählen die Liebe zu ihrem Beruf. / Sie tat weder das eine noch das andere, / Sie tat es aus Leidenschaft"* – so lautet eine der Strophen, und die Interpretation von *Fabrizio De André* kann das sehr glaubwürdig ausdrücken…

Fabrizio De André: La Canzone Di Marinella / Bocca Di Rosa

Ich gestehe, dass die Begegnung mit diesem außergewöhnlichen Künstler für mich ein ganz besonderes Erlebnis ist, das ich auf jeden Fall noch vertiefen werde, nimmt man doch in unserer vornehmlich anglophil geprägten Musikwelt andere Musikkulturen leider viel zu selten zur Kenntnis!

Mit „La Guerra Di Piero" – dem *Krieg des Piero*, habe ich nun ein Lied ausgewählt, das *De André* bereits 1966 auf seiner ersten Langspielplatte veröffentlicht hat. Danach „Sally", ein Lied über das fahrende Volk, im Mittelpunkt das Mädchen Sally und die Warnung der Mutter an den Protagonisten, sich nicht mit den *Zingari* abzugeben: „*Meine Mutter hat mir gesagt, dass ich nicht spielen soll / mit den Zingari im Wald / aber das Holz war dunkel, das Gras schon grün / und dort kam Sally mit einem Tamburin*" heißt es im Text.

Und noch ein Zitat von der Website <u>mein-italien</u>: „*Wir haben alle seine Lieder heiß geliebt. In ihnen konnten wir unsere Liebesträume wieder finden, unser soziales Gewissen*

gestärkt sehen, schmunzeln, lachen, oder einfach nur die wunderbare Musik genießen." [2]

Das können wir jetzt auch – mit dem bitteren Song über den Krieg des Piero und dem Liebeslied für das Zingari-Mädchen Sally.

Fabrizio De André: La Guerra Di Piero / Sally

Politisch stand der der 1999 mit 59 Jahren verstorbene *Fabrizio De André* der anarchistischen Linken nahe, ließ sich aber nie parteipolitisch vereinnahmen und lehnte jegliche Form der Gewalt konsequent ab. Mehr noch – er konnte sogar der selbst erlebten Gewalt im Nachhinein mit einem gewissen Verständnis begegnen:

Ende August 1979 wurde er zusammen mit seiner damaligen Partnerin auf Sardinien von einer kriminellen Bande, der so genannten „anonima sequestri", entführt, die sie für vier Monate in die sardischen Berge verschleppte. Erst nachdem die Entführer 550 Millionen Lire, größtenteils vom Vater bezahlt, erhalten hatten, konnten die beiden Geiseln kurz vor dem Jahresende befreit werden – zehn Jahre nach diesem einschneidenden Erlebnis haben sie übrigens geheiratet.

Fabrizio De André verwies später darauf, dass die „anonima sequestri" keineswegs mit den sizilianischen oder kalabrischen Mafia-Organisationen vergleichbar seien;

vielmehr zwänge die katastrophale wirtschaftliche Situation viele Sarden zu derartigem kriminellem Handeln. Inzwischen – das sei allen potenziellen Sardinien-Urlaubern gesagt – kommen derartige Dinge dort aber nicht mehr vor.

Und hier noch zum Abschied von *Fabrizio De André* ein poesievolles Lied über Freundschaft und Liebe, über ihre Zerbrechlichkeit und die in Trunkenheit versenkte Trauer des Abschieds:

[2] https://www.mein-italien.info/musik/de-andre.htm.

„Amico Fragile" – *Der zerbrechliche Freund;* live aufgenommen im Jahr 1979, ein halbes Jahr vor der erwähnten Entführung!

Fabrizio De André: Amico Fragile

Mit nur 59 Jahren ist der Sänger an Lungenkrebs verstorben – im Studio und auf der Bühne brannte stets die Zigarette, wie es heißt, und so etwas bleibt offensichtlich nicht ohne Folgen – ich muss später noch einmal darauf zurückkommen...

Zum Abschluss des konzertanten Ausflugs ins musikalische Italien nun aber noch ein Künstler, den die meisten von euch kennen dürften: *Angelo Branduardi*, auch hierzulande durch seine Musik und zahlreiche Tourneen noch heute populär. 1950 in der Nähe von Mailand geboren, wird auch er als Cantautore, als Sänger-poet also, der *Genueser Schule* zugerechnet. Sein Markenzeichen ist sicher die kompositorische Verbindung seiner Texte mit alter Musik im Stil der Renaissance sowie mit folkloristischen Elementen, die keineswegs nur auf Italien beschränkt bleiben, denn da finden sich auch deutliche Anklänge an die keltische und nordeuropäische Volksmusik. Darin liegt sicher auch seine Stärke, während seine oft humorvollen Texte längst nicht die bissige Schärfe und die kritische Realitätssicht eines *Fabrizio De André* besitzen.

Am Konservatorium in Genua hatte *Branduardi* schon als Jugendlicher das Diplom auf der Violine erworben, gleichzeitig auch zur Gitarre gegriffen und eigene Verse sowie Texte anderer Lyriker vertont. Nach einer unbeachtet gebliebenen ersten Platte kam der Erfolg in den späten 1970er Jahren, als er durch die Europa-Tournee „La Carovana del Mediterraneo" (die Karawane des Mittelmeers) auch in Frankreich, Deutschland und Skandinavien rasch populär wurde – ein Boxen-Set mit drei Platten, ergänzt durch ein großformatiges Booklet, ist davon im Jahr 1980 unter dem Titel „Concerto" beim römischen Label *Luna Musica* erschienen. Das gute Stück ist mir übrigens in der Wühlkiste eines Second-Hand-Ladens für schlichte zwei Euro in die Hände gefallen... Und als wäre das ein Zeichen, gibt es auch von *Angelo Branduardi* ein Lied, in dem es um zwei Münzen geht – das hören wir jetzt: „Alla Fiera Dell'Est" heißt es und erzählt in Form eines Knüpfliedes, dem bei jeder nachfolgenden Strophe eine weitere Zeile hinzugefügt wird, die heitere Geschichte vom Vater, der auf dem Markt im Osten für zwei Münzen eine Maus kauft: Die wird von der Katze gefressen, welche vom dafür verprügelten Hund gebissen wird; der Knüppel wiederum verbrennt, das Feuer wird vom Wasser gelöscht, das der Stier aussäuft, der prompt geschlachtet wird, woraufhin der Metzger stirbt und im Himmel ankommt – tja, und dann wird der Spieß

beziehungsweise das Lied umgedreht, und die ganze Geschichte spult von hinten zurück an den Anfang: *„Auf der Messe im Osten / Für zwei Münzen / Kaufte mein Vater eine Maus"* – „Alla Fiera Dell'Est".

Angelo Branduardi: Alla Fiera Dell'Est

Seit mehr als vier Jahrzehnten ist *Angelo Branduardi* aus der europäischen Liederszene nicht wegzudenken; es gibt seine Songs in englischer oder französischer Fassung, und seine Konzerte sind stets von einer optimistischen Grundhaltung geprägt, zumal die tänzerisch angelegte Musik mit längeren Instrumentalpassagen eben nicht nur den Kopf, sondern vor allem auch Herz und Beine anspricht. Eine Zeitlang hat *Branduardi* Renaissancemusik interpretiert, sich verstärkt dem *Irish Folk* gewidmet oder Filmmusiken komponiert, so etwa für die Verfilmung von *Michael Endes „Momo"* in der Regie von *Johannes Schaaf.*

Branduardis letzte reguläre Plattenveröffentlichung liegt nun allerdings acht Jahre zurück, und auf seinen Tourneen 2017/18 konnte seine stets hochkarätig besetzte Begleitband die stimmlichen Probleme des Sängers mit der grau gewordenen Lockenpracht nicht immer überspielen. Vielleicht kam da die coronabedingte Zwangspause nicht ungelegen…

Ich habe noch einen Song aus dem Dreifach-Album „Concerto" aus dem Jahr 1980 herausgesucht – „La Pulce D'Acqua", der *Wasserfloh*, war damals ein echter Radio-Hit und wurde auch hierzulande gern gehört. Es ist wohl das spöttische Necken eines hübschen, aber etwas eitlen Mädchens, das diesem Text zugrunde liegt: *„Es war der Wasserfloh, der deinen Schatten gestohlen hat, / und nun bist du krank. / Und die Herbstfliege, die du zerdrückt hast, wird's dir nicht verzeihen. / Vielleicht hast du dich zu lange im Bach gespiegelt, / rufst nun nach deinem Schatten, der verloren ist. // Nur wenn*

du sehr lange singst, wird dir vergeben werden. / Und der Wasserfloh, der das weiß, wird dir den Schatten wiedergeben." Hier ist *Angelo Branduardi* mit seinem umfangreichen Musikertross und dem *Wasserfloh* – die Aufnahme wurde übrigens am 9. Oktober 1979 in der *Niedersachsen-Halle* von Hannover mitgeschnitten.

Angelo Branduardi: La Pulce D'Acqua

Mit *Angelo Branduardi* und seinem *Wasserfloh* verlassen die LiveRillen Italien, und es geht weit hinauf in den Norden Europas, der für viele durchaus auch ein spannendes Reiseziel darstellt: Die restliche Zeit gehört heute dem schwedischen Songschreiber, Sänger und Gitarristen *Björn Afzelius*, der im gesamten skandinavischen Raum große Popularität genießt, auch wenn er bereits 1999 – dem Todesjahr von *Fabrizio De André* – verstorben ist – die Todesursache war ebenfalls Lungenkrebs; für mich eine gute Gelegenheit, auf die Gefahren des starken Rauchens hinzuweisen – die *Bundeszentrale für gesundheitliche Aufklärung* wird's freuen.

Aber das ist nicht die einzige Gemeinsamkeit beider Liedermacher, die stärker noch in ihren politischen Überzeugungen zu finden ist: *Afzelius* war bekennender Sozialist, er unterstützte den Wahlkampf von *Olof Palme*, engagierte sich für die Freiheitsbewegungen in Lateinamerika und war häufiger Gast auf diversen Benefiz- und Solidaritätsveranstaltungen im gesamten skandinavischen Raum. Und wenn es noch eines Bezuges zum bisherigen Thema Italien bedürfte, sei darauf verwiesen, dass *Björn Afzelius* ein zweites Zuhause in *Castelvecchio di Rocca Barbena* in der italienischen Region *Ligurien* besaß, wohin er sich oft zurückzog, um dort an seinen Liedern zu arbeiten.

Doch der Reihe nach:

Geboren wurde *Björn Svante Afzelius* am 27. Januar 1947 in Huskvarna. Er wuchs in einem musikalischen Elternhaus auf und begeisterte sich schon als Jugendlicher für die Musik seiner Zeit. In einem biografischen Text schrieb er, *Elvis Presley* habe ihn dazu gebracht zu singen, die *Beatles* Gitarre zu spielen, *Bob Dylan,* sich für die Texte in der Rockmusik zu interessieren, und *Mikael Wiehe,* seine eigenen Songs zu schreiben. Mit eben diesem *Mikael Wiehe,* einem noch heute aktiven schwedischen Musiker, gründete *Afzelius* 1970 die *Hoola Bandoola Band*, eine äußerst populäre Politrock-Gruppe. Ab 1974 ging *Afzelius* seinen Weg dann als Solist mit eigener Band, ohne den Kontakt zu *Mikael Wiehe* abzubrechen. Mit seinen neuen Musikern, den *Globetrotters*, veröffentlichte er in den 1970ern mehrere Platten, und 1982 erschien unter dem Titel „Danska Nätter" ein Live-Album, das mir vor Jahren den Zugang zu *Björn Afzelius* eröffnete, als es mir bei einer meiner eigenen Konzertreisen durch Jütland in die Hände fiel. Zuvor hatte mich ein Freund, Lehrer am Gymnasium von Skanderborg, auf den Sänger aufmerksam gemacht, und ich bin bis heute von *Afzelius* begeistert – sowohl was seine Musik als Mischung aus Rock-, Blues- und Folkelementen betrifft, als auch vor allem von seiner konsequenten politischen Haltung und der Qualität seiner Texte.

Aus diesem Album „Dänische Nächte" – aufgenommen bei Konzerten in Kopenhagen und Svendborg – nun zwei Stücke, zunächst „Tiden Förändres", die Zeiten ändern sich, was ein wenig nach *Bob Dylans* „The Times They Are A Changin'" klingt. Im Text heißt es unter anderem: *„Wir haben über das Gesetz gesprochen und wie es dazu kam, dass einige tun können, was sie wollen. / Wir sagten, dass jetzt alles besser ist, wir kennen unsere Rechte / Aber dann schalteten wir ab und flüsterten über*

unsere Redefreiheit / Ja, die Zeiten ändern sich, aber die Muster ändern sich nicht. "

Danach das folkinspirierte „En Kungens Man", des *Königs Gefolgsmann*, das eine zeitlose Geschichte erzählt von der Unterdrückung der einfachen Leute durch die Arroganz der Herrschenden.

Björn Afzelius: Tiden Förändras / En Kungens Man

Die Ballade über des Königs Vasallen, der ein Bauernmädchen vergewaltigt und von diesem getötet wird, gehört unter den rund 150 eigenen Songs von *Björn Afzelius* zu den populärsten. Übrigens finden sich auf seinen Alben – sowohl live als auch im Studio aufgenommen – immer wieder auch Coverversionen international bekannter Titel, die seine musikalischen Vorlieben rasch erkennen lassen: „The Weight" von *Robbie Robertson* und *The Band* gehört ebenso dazu wie „Stand By Me" von *Ben E. King* oder „Wonderful Tonight" von *Eric Clapton*. So auch der folgende Titel von der 1990 während einer Skandinavien-Tour mitgeschnittenen Live-LP „Nidaros", die *Afzelius* auf seinem eigenen Plattenlabel *REBELLE* veröffentlicht hat – ein Coversong, den er ins Schwedische übertragen hat: „Sång till friheten", das *Lied für die Freiheit* – ursprünglich geschrieben vom kubanischen Liedermacher *Silvio Rodríguez*, der 1946 geboren wurde, in den 70er Jahren zu den wichtigsten Vertretern der *Nueva Trova Cubana*, also der „neuen kubanischen Volkssänger", zählte und noch heute zu den bekanntesten Dichtersängern Kubas gehört.

Björn Afzelius hatte Kuba mehrfach in den 70er und 80er Jahren besucht und aus seiner Begeisterung für die kubanische Revolution keinen Hehl gemacht. Auf dem Cover von „Danska Nätter" findet sich beispielsweise das berühmte *Che-Guevara*-Zitat „Hasta la victoria sempre!"

Diese Einschätzung änderte sich später jedoch deutlich: 1993 erschien sein Roman „Es war einmal in Havanna"; eine persönliche Abrechnung mit dem politischen System in Kuba. Nach seinen eigenen Worten sei dieser Roman seine Reaktion auf die Tatsache, dass sich Kuba zu einer Diktatur entwickelt habe. Nach der Veröffentlichung des Romans durfte *Björn Afzelius* übrigens nicht wieder in Kuba einreisen. Und vor diesem Hintergrund erhält das *Lied für die Freiheit* dann ja noch eine zusätzliche Dimension…

Björn Afzelius: Sång Til Friheten

Björn Afzelius, einer der populärsten politischen Sänger Skandinaviens – leider hierzulande viel zu wenig bekannt. Vielleicht konnte ich hier diesbezüglich ein wenig Pionierarbeit leisten.

Zum Abschluss für heute noch einmal *Björn Afzelius* und sein *Lied für König und Vaterland:* „För Kung Och Fosterland" – ein Text, der das Schachspiel als Metapher nutzt und mit der vielsagenden Strophe endet: *„Es wird eine Partie kommen, in der die Bauern es satt haben, den Krieg der Könige zu führen; / Dann wenden sie sich gegen ihre eigenen Tyrannen, und es ist von einer völlig anderen Schlacht die Rede; / Denn dann brechen sie die Regel und machen mehrere Schritte gleichzeitig."*

Und da die Zeit reicht, gibt's noch ein paar Takte seines Liebesliedes für seine zweite Heimat *Ligurien* im Anschluss – das Reisen ist ja nun auch für uns wieder eine reale Perspektive…

In diesem Sinne – lasst es euch gut gehen bis zum Juli; dann betrachten die LiveRillen die Rockmusikszene bei unseren westlichen Nachbarn in den Niederlanden.

Björn Afzelius: För Kung Och Fosterland / Tankar I Ligurien

Quellen:

➤ Björn Afzelius & Globetrotters: Danska Nätter, Do.-LP, Transmission, 1982
➤ Björn Afzelius: Nidaros – Live, LP, Rebelle Records, 1991
➤ Angelo Branduardi: Concerto, 3-LP-Box, Musiza, LUNA MUSICA, 1980
➤ Fabrizio De André: In Concerto, LP, Dischi Ricordi, 1979
➤ Fabrizio De André: In Concerto Vol. 2, LP, Dischi Recordi/Metronom, 1980
➤ Gianna Nannini: Tutto Live, Do.-LP, Polydor/Metronome, 1985
➤ Gianna Nannini: Giannissima, LP, Metronome, 1991

➤ https://www.italien-sehenswertes.de/fabrizio-de-andre/
➤ https://www.museidigenova.it/it/node/622
➤ https://www.mein-italien.info/musik/de-andre.htm

No. 40: Rockmuziek uit Nederland

(Juli 2021)

Das heutige Thema verspricht 120 spannende Minuten als Ausflug in die vinylgepresste Live-Musikszene unserer westlichen Nachbarn: Holland, *also known as:* Niederlande! Was fällt einem dazu spontan ein? Vielleicht der Gouda von Frau Antje, die Tulpen aus Amsterdam, Holländerwindmühlen und ein Hausboot auf dem Kanal, schnelle Kufen im Winter und diverse Showgrößen von Johannes Heesters und Linda de Mol über Sylvie van der Vaart bis zu Rudi Carrell mit ihrem niedlichen Akzent. Die Drogenpolitik ist noch immer recht liberal, aber einen blonden, blauäugigen populistischen Schreihals gibt's dort auch. Ach ja – und ein Königshaus haben sie auch, diese Holländer: das Haus Oranien-Nassau – König Willem Alexander werde von seinen Untertanen mehrheitlich als sympathisch, aber etwas langweilig eingeschätzt, heißt es. Das kann er sich leisten, gilt doch der niederländische Hochadel als der reichste in ganz Europa!

Soweit meine kleine Landeskunde – nun zur Frage, die uns eigentlich interessiert: Wo spielt in Holland die Musik, und wer gibt dabei den Ton an!?

Ich gestehe, ich war selbst überrascht, was sich diesbezüglich in meinem Plattenregal finden lässt – zehn niederländische Musik-Acts habe ich ausgewählt, um sie euch in den folgenden zwei Stunden vorzustellen, und los geht's vor genau 50 Jahren mit einer damals sehr erfolgreichen Gruppe, die sich ein aufregendes Blau als Markenzeichen wählten: *Shocking Blue!*

Aus heutiger Perspektive mögen sie fast als One-Hit-Wonder erscheinen, denn vor allem ihr Song „Venus" hat die Zeiten dank Oldie-Paraden, „Greatest-Hits of the Sixties"-Samplern und Nostalgie-Radios überdauert, ohne Staub anzusetzen. Aber das würde der Band um den Gitarristen *Robbie van Leeuwen* und die Sängerin *Mariska Veres* keineswegs gerecht werden. Gerade mit *Veres'* Einstieg 1969 in die einige Jahr zuvor von *van Leeuwen* gegründete Gruppe kam der Erfolg: Ende desselben Jahres erschien „Venus" mit dem einprägsamen E-Quart-Gitarrenakkord im Vorspiel als Single und erreichte in den USA Platz 1, in Deutschland Platz 2 und in England immerhin die Top Ten der Charts. Ein ähnlich durchschlagender Erfolg gelang dem Quartett, das vom Bassisten *Klaasje van der Waal* und *Cornelius van der Beek* am Schlagzeug komplettiert wurde, danach zwar nicht mehr, aber gerade in Deutschland liefen Songs wie „Blossom Lady", „Mighty Joe", „Ink Pot" oder „Never Marry A Railroad Man" im Radio rauf und runter, wie ich mich gut erinnern kann. Hinzu kam – und das war in dieser Zeit nicht für jeden radiotauglichen Musik-Act selbstverständlich – dass

Shocking Blue auch live zu überzeugen wussten, indem sie aus der Not ihrer instrumental begrenzten Besetzung eine Tugend machten: Durchsichtige Songstrukturen, tanzbare Rhythmen und die Konzentration auf ihre charismatische Frontfrau *Mariska Veres* mit den langen, dunklen Haaren, die sie mitunter sogar im Afro-Look einer *Angela Davis* frisierte.

1971 waren *Shocking Blue* auf Tour in Fernost, und dabei wurden zwei Konzerte in Tokyo Ende Juli mitgeschnitten und 1972 als Liveplatte veröffentlicht.

 Erfreulicherweise hat sich das Label *Music On Vinyl* 2016 zu einer limitierten Neuauflage in rotem Platten-Outfit entschlossen; ich habe die Nummer 692 der auf 1500 Exemplare weltweit begrenzten Auflage ergattert. Daraus zum musikalischen Auftakt dieser LiveRillen nun „Blossom Lady" und „Venus".

Shocking Blue: Blossom Lady / Venus

Ein echter Ohrwurm – damals wie heute! Nach der Auflösung der Band im Jahr 1974 gab es über die Jahre hinweg immer mal Wiederbelebungsversuche vor allem durch *Rob van Leeuwen*, die aber alle im Ansatz steckenblieben.

Noch ein paar Worte zum Aushängeschild von *Shocking Blue*, der Sängerin *Mariska Veres*. Dem Namen ist unschwer anzuhören, dass er – nun, sagen wir mal – nicht eben typisch niederländisch klingt. *Mariska Veres*, 1947 in Den Haag geboren, entstammt einer aus Ungarn eingewanderten Roma-Familie; ihr Vater *Lajos Veres* war Geiger einer in der Szene durchaus bekannten Roma-Kapelle. Vor *Shocking Blue* hatte sie bereits in kleineren Club-Bands gesungen. Auf einer Party der seinerzeit schon bekannten holländischen Rockband *Golden Earring*, zu der wir im Verlaufe der Sendung natürlich auch noch kommen, entdeckte sie *Robbie van Leeuwen*, der ihr anbot, bei *Shocking Blue* einzusteigen – der Rest ist bekannt.

Ab 1984 war *Mariska Veres*, die zwischendurch einige wenig erfolgreiche Singles unter eigenem Namen veröffentlicht hatte, wieder unter dem Logo *Shocking Blue* auf diversen Oldie-Festivals präsent und versuchte sich daneben auch als Jazz-Sängerin – im Dezember 2006 ist sie an einer Krebserkrankung mit nur 59 Jahren verstorben. Und auch Bassist *Klaasje van der Waal* und Schlagzeuger *Cornelius van der Beek* weilen inzwischen nicht mehr unter uns. Einzig *Robbie van Leeuwen* könnte die aufregend blaue Fahne noch hochhalten; vor zwei Jahren gewährte er dem niederländischen Fernsehen anlässlich seines 75. Geburtstages ein größeres

Interview – ansonsten aber lebt der einstige Star zurückgezogen in Wassenaar an der Nordseeküste und gilt als extrem medienscheu.

Wir hören noch zwei Titel aus der großen Zeit von *Shocking Blue:* „Mighty Joe" und die Warnung, niemals einen Eisenbahner zu heiraten: „Never Marry A Railroad Man", aufgenommen 1971 bei ihren Konzerten in Japan.

Shocking Blue: Mighty Joe / Never Marry A Railroad Man

Nach *Shocking Blue* mit ihrer Sängerin *Mariska Veres* nun zu einer interessanten Besetzung, die sich dem *Progressive Rock* mit klassischem Einschlag verschrieben hat: Die Gruppe *Focus.* 1969 von dem am Amsterdamer Konservatorium ausgebildeten Keyboarder und Flötisten *Thijs van Leer* und dem Jazzrock-Gitarristen *Jan Akkerman* gegründet, komplettierten der von Jazz und Klassik beeinflusste Drummer *Pierre van der Linden* und *Bert Ruiter* am Bass das Quartett, das dem *Melodie Maker* 1972 als „größte Hoffnung" der internationalen Popwelt galt. Im Folgejahr kürte das Musik-Fachblatt dann *Jan Akkerman* sogar zum weltbesten Gitarristen. Bestätigung dafür waren sicher das rasante „Hocus Pocus", ein durch ironische Jodel-Vokalisen erweitertes Instrumental, das 1973 in den Charts weltweit vordere Plätze erreicht hat, und der melodische Song „Silvia", der in Großbritannien bis auf Platz 4 klettern konnte. Aus ihrem im Mai 1973 auf dem Höhepunkt ihres internationalen Erfolgs im Londoner *Rainbow Theatre* mitgeschnittenem Konzert hier zunächst ihr berühmter Zauberspruch „Hocus Pocus", der alle möglichen musikalischen Zutaten ebenso eklektizistisch wie humorvoll zu einem Amalgam mit Ohrwurm-Charakter verarbeitet.

Focus: Hocus Pocus

Focus existieren mit diversen Pausen tatsächlich bis heute – personelle Konstanten sind der musikalische Kopf *Thijs van Leer* und Schlagzeuger *Pierre van der Linden. Jan Akkerman*, der versierte Gitarrist früherer *Focus*-Tage, ist dagegen bereits im Jahr 1976 ausgestiegen und hat sich seither in diversen Stilen versucht – von altenglischer Lautenmusik bis zum Jazzrock. Ende dieses Jahres wird er 75 und ist

noch immer im Studio und sicher demnächst auch wieder live aktiv; seine letzte Veröffentlichung „Close Beauty" datiert aus dem Jahr 2019.
Ich habe eine Liveplatte von *Jan Akkerman* herausgesucht, die 1978 beim Jazzfestival in Montreux mitgeschnitten wurde – in der Band um *Akkerman* spielen unter anderem der bekannte holländische Pianist *Jasper van't Hoff*, der belgische Jazzdrummer *Bruno Castelucci* sowie der Keyboarder und Saxofonist *Tom Barlage*. Von letzterem stammt auch das Stück, das ich ausgewählt habe – die

jazzige Instrumental-Ballade „Tommy" – ohne Bezug übrigens zur gleichnamigen Rockoper von *The Who*, dafür mit *Jan Akkerman* an der Gitarre. Vorher nochmal *Focus* aus dem Jahr 1973 mit „Silvia" und einer „Hocus Pocus"-Reprise...

Focus: Silvia / Reprise
Jan Akkerman: Tommy

Beim LiveRillen-Streifzug durch die niederländische Szene kommen wir nun zu einer klassischen Bluesrock-Band, die sich keineswegs hinter wesentlich bekannteren Bands wie *Taste, Chicken Shack* oder *Mountain* zu verstecken braucht, wie ich finde: *Livin' Blues!* Die gehörte übrigens schon zu DDR-Zeiten zu meinen Favoriten, denn eine ihrer Platten war seinerzeit in Lizenz auf einem polnischen Plattenlabel erschienen und mit einigem Glück in den polnischen Kulturzentren in Leipzig oder Berlin zu bekommen. *Livin' Blues* waren bei unseren östlichen Nachbarn sehr populär und hatten dort bereits in den 1970er Jahren bei mehreren großen Festivals gastiert. Und siehe da – wir treffen gleich auf einen alten Bekannten: Am Schlagzeug hatte nach der Auflösung von *Shocking Blue* Mitte der 70er Jahre deren Drummer *Cor(nelius) van der Beek* Platz genommen, der bei dieser druckvollen Stilistik wesentlich eindrucksvoller agieren konnte als zuvor in der doch eher poprockigen Ausrichtung von *Shocking Blue*.
Gegründet hatte die Band der Gitarrist *Ted Oberg* bereits 1967; zwei Jahre später supportete das damalige Quintett bereits die britischen *Fleetwood Mac*, die seinerzeit noch mit *Peter Green* erfolgreich auf Bluespfaden unterwegs waren. Anfang der 1970er Jahre betreut der bekannte britische Produzent *Mike Vernon*, der auch mit *John Mayall* und eben *Fleetwood Mac* gearbeitet hat, die holländischen Bluesrocker, die mit „L.B. Boogie" einen internationalen Hit landen können, obwohl sich das Personalkarussell rund um *Ted Oberg* unaufhörlich weiterdreht. Bis in die späten 1980er Jahre taucht die Band in unterschiedlicher Besetzung immer mal bei

Festivals auf, dann ist der Ofen aus. Wie schade, kann ich da nur sagen und lege zum Beweis ihre 1975 bei Ariola veröffentlichte Liveplatte auf. „Black Spider Woman" heißt der siebenminütige Song, dessen sich auch ein *Leslie West, Stan Webb* oder *Rory Gallagher* nicht zu schämen brauchte…

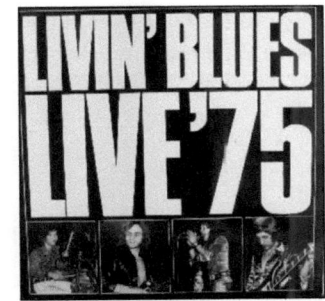

Livin' Blues: Black Spider Woman

Die expressive Stimme der niederländischen Bluesrock-Band um den Gitarristen *Ted Oberg* gehört *John Fredriksz*, der zuvor bei der Amsterdamer Rockband *George Cash* gesungen und mit dieser drei LPs veröffentlicht hatte. *Cor van der Beek*, der ex-Drummer von *Shocking Blue*, fand bereits Erwähnung – bleibt noch der Bassist *Hendrik* – oder kurz *Henk Smitskamp*, der seinen *Rickenbacker* zuvor unter anderem bei *Sandy Coast, The Motions* und *After Tea* gespielt hatte.
Eine weitere Eigenkomposition dieser leider nur kurzlebigen *Livin'-Blues*-Besetzung will ich noch spielen, die eigentlich so abgehangen wie ein alter Blues-Standard daherkommt: „I'm A Rambler" – so authentisch kann Blues aus Holland klingen!

Livin' Blues: I'm A Rambler

Beim Streifzug durch die niederländische Rock- und Blues-Szene gelangen wir nun zu *Alquin*, einer Band, die sich zu Beginn der 1970er Jahre in Delft aufmachte, um auf den musikalischen Spuren von Progressive-Rock-Bands wie *King Crimson, Roxy Music* oder *Pink Floyd* zu wandeln. Für die experimentelle Ausrichtung mit längeren Instrumentalpassagen zeichneten vor allem Keyboarder *Dick Franssen* und Saxofonist *Ronald Ottenhoff* verantwortlich, daneben gehörte der Gitarrist *Ferdinand Bakker* zum ursprünglichen Line-Up, das 1975 durch die Neuzugänge *Job Tarenskeen* am Schlagzeug, dem Bassisten *Jan Visser* und dem von *Ekseption* kommenden Sänger *Michel van Dijk* stabilisiert wurde. Die nun kommerzieller auf das Rock-Publikum ausgerichtete Band tourte erfolgreich in Europa, war gemeinsam mit *Golden Earring* in England unterwegs und supportete *The Who* auf deren Frankreich-Tour.

1976 wurde bei Konzerten in Holland ihre Live-LP „On Tour" mitgeschnitten, deren Cover sich mit einem utopischen Flugzeugentwurf von *Luigi Colani*

schmückt. Daraus habe ich zwei kürzere Stücke ausgewählt: „L. A. Rendez Vouz" und „Wheelchair Groupie" – über einen an den Rollstuhl gefesselten weiblichen Fan. Hier sind *Alquin* live.

Alquin: L. A. Rendez Vouz / Wheelchair Groupie

Leider war diese Aufnahme bereits Teil der Abschiedstour für die Band, die sich unmittelbar danach auflöste. Zwanzig Jahre später gab es eine Reunion, die so erfolgreich verlief, dass *Alquin* dann bis 2012 erneut zusammenspielten. Seither gilt offiziell eine Auszeit, was wohl bedeutet, dass die Band, die sich nach einem berühmten Gelehrten, der im frühen Mittelalter zum Umfeld *Karl des Großen* zählte, benannt hat, durchaus mal wieder auf einer Bühne auftauchen könnte. Mich würde es freuen!

Nun weiter zu *Barrelhouse*, einer 1974 gegründeten und bis heute existenten Bluesband um die Gitarre spielenden Brüder *Johnny* und *Guus LaPorte* und die Sängerin *Tineke Schoemaker*, die 2012 von der *Dutch Blues Foundation* als beste Bluessängerin der Niederlande geehrt wurde; im selben Jahr wurden *Barrelhouse* in die *Dutch Blues Hall of Fame* aufgenommen – Ehre, wem Ehre gebührt!

Ein Live-Mitschnitt von 1978, als *Barrelhouse* gemeinsam mit der US-amerikanischen Blueslegende *Albert Collins* auf Tour waren, ist soeben zum diesjährigen *Record Store Day* erneut auf Vinyl veröffentlicht worden. Ich habe die Scheibe natürlich bestellt und werde sie dann hoffentlich in einer der nächsten LiveRillen-Sendungen präsentieren können.

Heute gibt es *Barrelhouse* live aus dem Jahr 1977 von ihrer in einem Amsterdamer Musikclub mitgeschnittenen LP „Hard To Cover": Zunächst „One More Lonely Night", eine Komposition von *Johnny LaPorte* zu einem Text von *Tineke Schoemaker*. Anschließend interpretieren *Barrelhouse* den *Jimmy-Reed*-Klassiker „You Don't Have To Go", als Single im Dezember 1954 erschienen – die Liste der Künstler, die den Song gecovert haben, reicht von *Muddy Waters* über *James Cotton* und die *Siegel-Schwall-Band* bis zu *Canned Heat* oder *Jerry Lee Lewis* gemeinsam mit *Neil Young*.

Barrelhouse: One More Lonely Night / You Don't Have To Go

Schön, dass die stimmlich tatsächlich ein wenig an *Janis Joplin* erinnernde *Tineke Schoemaker* noch immer aktiv ist – am letzten Wochenende, so war auf der Band-Website www.barrelhouse.nl zu erfahren, hat sie gemeinsam mit ihrem Gitarristen *Johnny LaPorte* in der *Q-Factory Amsterdam* ein musikalisches Dinner gestaltet – Genuss pur sozusagen.
Und genau den verspreche ich euch nun endlich mit der wohl bekanntesten und in dieser Sendung schon mehrfach erwähnten niederländischen Band: *Golden Earring!* Let's rock!

Golden Earring: Buddy Joe / Back Home

Golden Earring mit zwei Klassikern aus der großen Zeit der bereits 1961 in Den Haag unter dem Namen *The Tornados* gegründeten Band: „Buddy Joe" aus dem Jahr 1972 und das zwei Jahre zuvor erschienene „Back Home". Gefälliger Powerrock mit prägnanten Gitarrenriffs im Stile der Zeit, angelehnt an populäre Bands wie *The Who, Free* oder *Uriah Heep*. Das brachte auch außerhalb der Niederlande Beachtung; 1972 wurden *Golden Earring* nach England eingeladen, um gemeinsam mit *The Who* zu touren, und im Folgejahr brachte „Radar Love" als erste Singleveröffentlichung in den USA auch dort den Durchbruch – Platz 13 der US-Charts, in Großbritannien Platz 7 und in Deutschland sogar Platz 5.
Zuvor hatte es seit Gründung der Band einige Personalwechsel gegeben, bis sich mit dem Sänger *Barry Hay*, der auch Gitarre und Querflöte spielt, dem Leadgitarristen *George Kooymans, Marinus Gerritsen* am Bass und dem von *Livin' Blues* dazugestoßenen Drummer *Cesar Zuiderwijk* jenes Quartett herauskristallisiert hatte, dessen Erfolg sich laut dem Magazin *Cash Box „sowohl auf Theatralik als auf einen sinnbetörenden und ohrenbetäubenden Lautstärke- und Intensitätspegel gründet"*, auch wenn sie vom *Billboard Magazin* in Unterscheidung zu den echten harten Jungs im Rockgeschäft etwas despektierlich als „Leichtmetall-Rocker" bezeichnet wurden. Auf jeden Fall lieferte die Band, die sich nach dem Film „The Golden Earrings" mit *Marlene Dietrich* so benannt hat, eine ganze Reihe kraftvoller und solider

Ergebnisse ab, die ihren Ruf als erfolgreichste Rockband der Niederlande und zudem als mitreißende Liveband über die Jahrzehnte hinweg manifestiert hat. In Almere, der größten Gemeinde der Provinz Flevoland, gibt es schon seit 1993 eine *Golden Earring Straat*.

In den Nach-Zweitausender-Jahren waren *Hay* und *Kooymans* vor allem als Produzenten mit ihrem eigenen Label *Ring Records* beschäftigt; hin und wieder tauchte die Band bei Festivals auf und begeisterte 2007 auch im *WDR-Rockpalast* das mit den Musikern gealterte Publikum. Umso mehr erschütterte die in diesem Frühjahr vom Management verbreitete Nachricht vom endgültigen Aus für die Band – Grund sei die ALS-Erkrankung des Gitarristen und Band-Gründers *George*

Kooymans. Ihm von dieser Stelle aus alles Gute, und wir erfreuen uns zwölf intensive Liveminuten lang an ihrem größten Hit: „Radar Love" von ihrem erfolgreichen Doppel-Album „Golden Earring – Live", erschienen 1973 bei MCA Records.

Golden Earring: Radar Love

Nun zu einer Band, die man vom Namen her eher in Dänemark vermuten würde als Supporter einer bekannten Brauerei: *Carlsberg*, 1974 vom Gitarristen *Arti Kraaijeveld* gegründet. Prominentester Musiker im späteren Quartett war zweifellos der Sänger und Saxofonist *Rob Kruisman*, der zuvor jahrelang Mitglied bei den bekannten Klassikrockern von *Ekseption* war. Nach der Veröffentlichung einer nur mäßige Aufmerksamkeit erzeugenden Single verließ Bandgründer *Kraajifeld Carlsberg*, und *Rob Kruisman* probierte verschiedene Musiker aus, ehe sich Ende der 1970er Jahre mit dem Gitarristen *Jaap Castricum*, dem Bassisten *Albert Schierbeek* und *Burt van der Meij* am Schlagzeug die erfolgreichste *Carlsberg*-Besetzung herausbildete. Mit der Single „All The President's Men" gab es 1979 sogar einen kleinen Hit in den niederländischen Top 40.

In dieser Zeit konnte die Gruppe auch einige Erfolge im Ausland verzeichnen, so tourte sie in Deutschland als Vorband für *Uriah Heep* und erreichte durch Konzerte in Australien selbst dort eine gewisse Bekanntheit. Aber obwohl *Carlsberg* besonders in Nordholland große Popularität als Liveband genoss, blieb der kommerzielle Erfolg doch hinter den Erwartungen zurück, sodass sich die Band schließlich 1983 auflöste. Immerhin ist uns ein Live-Album von *Carlsberg* geblieben, aufgenommen im September 1980.

Daraus jetzt zwei Songs der zwischen
Mainstream- und Alternative-Rock changierenden
Band: „Nightshift" und „Proven Wrong" – hier
sind *Carlsberg* live!

Carlsberg: Nightshift / Proven Wrong

Zum besseren Verständnis der nächsten Gruppe
müssen wir zunächst tief in die holländische
Geschichte eintauchen und ein ziemlich düsteres Kapitel freilegen: Die
Niederlande gehörten im 17. und 18. Jahrhundert bekanntlich zu den weltweit
führenden Kolonialmächten. Die Besitzungen konzentrierten sich vor allem im
indischen und asiatischen Raum und waren insbesondere durch ihren
Gewürzreichtum attraktiv. Mitte des 17. Jahrhunderts wurde rund die Hälfte des
Welthandels von Reedern und Kaufleuten der niederländischen
Handelskompanien mit ihren hochseetauglichen Segelschiffen realisiert. Dass
diese Epoche gern auch das *„Goldene Zeitalter der Niederlande"* genannt wird, trifft
allerdings wohl nur auf einen geringen Teil der davon Betroffenen zu.
Nach den Napoleonischen Kriegen und der Niederlage der Franzosen verloren die
Niederlande 1815 durch den Wiener Kongress zunächst ihre kolonialen
Ansprüche auf große Teile von Niederländisch-Guayana an die Briten. Die
Unabhängigkeit Indonesiens akzeptierte das niederländische Königshaus erst
1949, und noch heute gelten Surinam und die Niederländischen Antillen als so
genannte *overzeese rijksdelen,* also überseeische Teile des Reichs.
Die lange Kolonialgeschichte hat unter anderem dazu geführt, dass zahlreiche
Menschen aus den Kolonialgebieten nach Holland verschleppt wurden oder dann
später auch ins so genannte Mutterland kamen in der Hoffnung, dort ein besseres
Leben zu finden. Nach einer Statistik der Bundeszentrale für politische Bildung
sind fast 20 Prozent der heutigen Bevölkerung in den Niederlanden entweder
selbst Zugewanderte oder wurden als deren Kinder dort geboren.
Das Thema ist in der aktuellen Tagespolitik unserer westlichen Nachbarn
durchaus virulent, wie der Zuspruch für den rechtspopulistischen Nationalisten
Geert Wilders und seine *Freiheitspartei* zeigt – bezeichnenderweise ist Wilders' Mutter
selbst indonesischer Abstammung!
Zurück zur Musik der Niederlande. Und wenn wir bisher vor allem stilistische
Spuren der britischen Rockmusik und des amerikanischen Blues entdecken
konnten, so sollen nun ganz andere kulturelle Einflüsse zum Tragen kommen.

Massada heißt eine vielköpfige Band, die ihre Mitglieder mehrheitlich aus der in den Niederlanden lebenden molukkischen Minderheit rekrutiert. Seit 1973 spielt die Gruppe um den Sänger und Perkussionisten *Johnny Manuhutu* unter diesem Namen, nachdem sie zuvor bereits als *The Eagles* vor allem auf Molukken-Partys aufgetreten waren, ihren Namen dann aber aufgrund der gleichnamigen US-Band änderten.

Besonders viele Molukker waren zu Beginn der 1950er Jahre nach Holland gekommen, als sich Indonesien die politische Freiheit erkämpft hatte und die zuvor in militärischen Diensten der Niederlande stehenden Einheimischen von den Siegern brutal verfolgt wurden. Ursprünglich nur für eine Übergangszeit bis zu einer möglichen Rückkehr in die Heimat gedacht, war der gesellschaftliche Status der Molukker lange unklar und eine Integration nicht vorgesehen. Dies führte in den frühen 70er Jahren zu politischen Unruhen, bei denen es in den Niederlanden zahlreiche Geiselnamen und auch Morde durch militante Molukker gab. In dieser Zeit vertraten die *Massada*-Musiker stets einen gewaltfreien, auf Dialog zielenden Weg. Ihre ersten Platten erschienen Ende der 70er Jahre und durften sich aufgrund der stark von karibischen und afrikanischen Rhythmen beeinflussten Musik durchaus Vergleiche mit *Carlos Santana* gefallen lassen. Einige Titel wurden sogar in malaiischer Sprache gesungen.

Erste Tourneen, unter anderem in Deutschland, machten *Massada* international bekannt. In den 80er Jahren ließ der Hype um die Multi-Kulti-Truppe allerdings deutlich nach, sodass es kaum noch nennenswerte Aktivitäten gab. Erst 1995 initiierte *Johnny Manuhutu* eine *Massada Revival Band*, und seither wurde die Gruppe

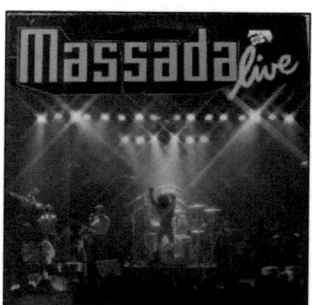

mit ihrer mitreißenden Live-Performance immer mal wieder bei Festivals und Kurztourneen gesichtet.

Ich lege jetzt die vierte LP-Seite ihres 1980 aufgenommenen Doppelalbums „Massada – Live" auf den Plattenteller, und wir hören „Discrime" und danach ihren größten Single-Hit „Sageru".

Massada: Discrime / Sageru

Als Abschluss der Juli-LiveRillen über die holländische Musikszene nun noch ein zumindest zeitweise deutsch-niederländisches Musikprojekt, das sich *Vitesse* nannte – französisch für „Geschwindigkeit". Und die gab es in den meisten Songs des in ihrer großen Zeit zu Beginn der 1980er Jahre auf die klassische Gitarre/Bass/Schlagzeug-Besetzung reduzierten Band reichlich zu erleben.

1975 wurde *Vitesse* vom Schlagzeuger und Sänger *Herman van Boeyen* gegründet; mit dabei unter anderem der bekannte Pianist und Songschreiber *Herman Brood*, der allerdings bereits nach einem Jahr wieder ausstieg. Überhaupt rotierte das Personalkarussell rund um die Konstante *Herman van Boeyen* ziemlich heftig. Immerhin erschienen bis 1979 vier Studio-LPs und mit „Rock & Roll Band" und „Whole Lot Of Travellin'" einige erfolgreiche Singles. Zudem wurde die Band im Westen Deutschlands durch ihre Konzerte populär.

1980 veröffentlichte die zum Trio geschrumpfte Band das Album „Live": *Van Boeyen* am Schlagzeug, *Peter Van Straten* am Bass und *Jan van der Meij* an der Gitarre. Die beiden letztgenannten stiegen aber bald aus und gründeten mit *Powerplay* eine eigene Band. Als neue Musiker kamen Bassist *Rudy Englebert* und der Keyboarder *Otto Cooymans*, und nun, im Jahr 1982, wird aus der niederländischen Band ein deutsch-niederländisches Joint Venture: Der versierte Gitarrist, Sänger und Songwriter *Carl Carlton* steigt bei *Vitesse* ein! Und der verdient noch ein paar Anmerkungen, zählt er doch zweifellos zu den profiliertesten und international bekanntesten deutschen Rockmusikern überhaupt. Geboren wurde *Carlton* 1955 unter dem Namen *Karl Walter Ahlerich Buskohl* in Ihrhove im Landkreis Leer – er ist also waschechter Ostfriese. Nachdem die Eltern des Einzelkindes früh verstorben waren, siedelte der 17Jährige in die Niederlande über, stieg dort sofort als gitarristisches Wunderkind in die Rockszene ein und wurde unter anderem Mitglied von *Herman Brood & His Wild Romance*.

Bei seiner Klasse war es allerdings nur eine Frage der Zeit, bis die Szene in England und den USA auf den Gitarristen, der sich nun *Carl Carlton* nannte (nicht zu verwechseln mit dem gleichnamigen US-Singer/Songwriter!), aufmerksam wurde. Ende der 1970er Jahre stieg er bei *Mink De Ville* ein, war in den 80ern unter anderem für *Manfred Mann, Joe Cocker, Eric Burdon* oder *Jimmy Barnes* aktiv. Eine enge Freundschaft verband *Carlton* mit dem britischen Sänger *Robert Palmer*, dereinst Mitglied der kurzlebigen Supergroup *Power Station*, der 2003 überraschend einem Herzinfarkt erlag – ein echter Schock für *Carlton*.

Keineswegs kappte er bei all diesen internationalen Aktivitäten die Verbindungen in seine Heimat; eine intensive Zusammenarbeit verbindet ihn bis heute mit *Udo Lindenberg* und *Peter Maffay*. Seinen Wohnsitz hatte *Carlton* zwischenzeitlich nach Irland verlegt, besaß aber auch Domizile auf Mallorca und auf Gozo, der Nachbarinsel von Malta – ein echter Kosmopolit also.

Bekannt sein dürfte auch sein eigenes Bandprojekt *Carl Carlton & The Songdogs*, das auf Platte oder im Konzert einen qualitativ hochwertigen Bluesrock a la *Bad Company, Robin Trower* oder der *Walter Trout Band* herüberbringt. Tja, und sein eigentlicher Name *Buskohl* ist hierzulande ja auch nicht ganz unbekannt, seit sein Sohn *Max* bei „Deutschland sucht den Superstar" für einigen Wirbel sorgte...

Zurück zu *Vitesse:* 1982 tourten *Van Boeyen, Cooymans* und *Englebert* gemeinsam mit *Carl Carlton* in Deutschland – hörbares Ergebnis ist das Doppelalbum „Live In Germany", das immerhin Platz 19 der niederländischen Album-Charts erreichte. Die Single „Rosalyn" lief zeitgleich im Radio rauf und runter – und könnte auch heute noch als Sommerhit durchgehen, wie wir gleich hören werden.

Für *Vitesse* war übrigens 1994 endgültig Schluss; ich setze jetzt den Schlusspunkt für die heutigen LiveRillen: *Vitesse* mit „Rosalyn" und danach vielleicht noch ein

paar balladeske Takte von „Sweet Dreams"... Im August hören wir uns wieder, dann lauschen wir dem Grizzly-Rock aus Kanada von *Guess Who* über *Bachmann Turner Overdrive* und *Frank Marino* bis zu *Anvil, Rush* und der *Jeff Healey Band* – freut euch drauf!

Vitesse: Rosalyn / Sweet Dreams

Quellen:

- Jan Akkerman: Live, LP, WEA, 1978
- Alquin: Alquin On Tour, LP, Polydor, 1976
- Barrelhouse: Hard To Cover, LP, Munich, 1977
- Carlsberg: Live, LP, Dureco Benelux, 1980
- Focus: At The Rainbow, LP, EMI, 1977
- Golden Earring: LIVE, Do.-LP, MCA, 1977
- Golden Earring: 2nd Live, Do.-LP, Polydor, 1981
- Livin' Blues: Live '75, LP, Ariola, 1975
- Massada: Live, Do.-LP, Kendari Records, 1980
- The Shocking Blue: Live in Japan 1971, LP, Red Bullet/MOV, 2016
- Vitesse: Live In Germany, Do.-LP, RCA, 1982

No. 41: Live from Canada – So steppt der Grizzly

(August 2021)

Der analoge Hörgenuss im digitalen Zeitalter entführt uns heute über den großen Teich hinüber nach Kanada – *So steppt der Grizzly,* lautet das fesche Motto der kommenden zwei Stunden und greift damit schon ein gängiges Klischee auf: Die wilde, raue Natur des riesigen Landes zwischen den Ozeanen, schneebedeckte Gipfel der Rocky Mountains, reißende Lachs-Flüsse und stille Seen, unberührte Urwälder, Holzfäller- und Blockhaus-Romantik, dazu das flammende Rotgold des Ahorns im Indian Summer. Zugegeben – mein Kanada-Bild speist sich mangels unmittelbarer Anschauung tatsächlich noch aus solchen Postkartenmotiven; vielleicht überprüfe ich das irgendwann doch noch mal. Und lerne dazu die kanadische Musikszene vor Ort kennen, die es allerdings vinylgepresst bereits vielgestaltig in mein Plattenregal verschlagen hat.

Dabei ist die Wahrnehmung der kanadischen Rock- und Bluesszene hierzulande ja zweifellos etwas undifferenziert durch die scheinbare Dominanz US-amerikanischer Künstler auf dem Subkontinent. Da wird manche kanadische Wurzel schon mal umgetopft. Andererseits hängt die nordamerikanische Szene natürlich eng zusammen, und etliche Kanadier haben ihren eigentlichen Durchbruch dann auch tatsächlich in den USA mit ihrem zweifellos wesentlich größeren, also auch kommerziell relevanteren Markt erlebt. Hinzu kommt, dass Kanadas riesiges Territorium von fast zehn Millionen Quadratkilometern aufgrund seiner Geschichte in einen anglophonen und einen frankophonen Landesteil zerfällt – sowohl Englisch als auch Französisch sind Amtssprachen der rund 38 Millionen Einwohnerinnen und Einwohner – gerade mal vier von ihnen teilen sich im Schnitt einen Quadratkilometer. Zum Vergleich: In Deutschland sind es 233! Rock und Blues allerdings sind in Kanada vornehmlich englischsprachig dominiert, was auch die heutige Musikauswahl bestätigt. Und die beginnt mit einem Rätsel: *Guess Who* – Rate-mal-wer?!

Das gleichnamige Quartett gründete sich 1965 in Winnipeg, als Sänger *Burton Cummings* auf eine zuvor bereits existierende regionale Band stieß. Ihm zur Seite Gitarrist *Randy Bachman,* dem wir später noch begegnen werden; *Jim Kale* am Bass und *Gary Petersen* am Schlagzeug. Geradlinige, mitunter etwas simple Rocknummern brachten ab 1967 zunehmenden Erfolg – 1970 verkauften *Guess Who* dank ihres Superhits „American Woman" in den USA mehr Singles als die *Beatles!*

Amerikanerin, bleib mir bloß vom Leib – der Song sorgte durchaus für Kontroversen. Im Text heißt es unter anderem: *„Ich brauche deine Kriegsmaschinen nicht / und nicht deine Ghettoszenen / Farbige Lichter können hypnotisieren / Lass die Augen eines anderen funkeln – ich werde dich verlassen!"*

Jim Kale, der *Guess-Who*-Bassist, erklärte den Text damit, dass sie als Provinz-Kanadier aus einem sehr engen, konservativen Milieu kamen und sich plötzlich auf riesigen Konzertbühnen in Chicago, Detroit oder New York wiederfanden – alles horrend große Orte mit ihren Großstadtproblemen. Nach derart anstrengenden Touren sei es einfach ein wahrer Genuss gewesen, nach Hause zu kommen und jene einfachen Mädchen zu sehen, mit denen sie aufgewachsen seien. Außerdem war der Vietnam-Krieg in vollem Gange, und das sei furchtbar unpopulär gewesen – so weit *Jim Kale*.

Randy Bachman, dem das charakteristische Gitarren-Riff während eines Soundchecks eingefallen sein soll, hat „American Woman" später sogar als Anti-Kriegslied gewertet, nun gut. Auf jeden Fall ist es ein großartiger Song, den wir jetzt in einer fulminanten Liveversion hören, die durch eine regelrechte Blues-Ouvertüre eingeleitet wird, aufgenommen im Mai 1972 im *Paramount Theater* in Seattle. Da war *Randy Bachmann* bereits ausgeschieden, um kurz darauf mit *Fred Turner* die Combo *Bachmann-Turner Overdrive* zu gründen; an seiner Stelle spielten inzwischen *Kurt Winter* und *Don McDougall* die Brett-Gitarren zur aggressiven Stimme von *Burton Cummings*, der auch für den Text verantwortlich zeichnet.

Hier sind *Guess Who* – und nach dieser langen Vorrede gleich mit einer guten Viertelstunde Livemusik…

Guess Who: American Woman

Nach einigen weiteren Personalwechseln rund um *Burton Cummings* lösten sich *Guess Who* 1976 auf; spätere Reunions waren kurzlebig und wenig überzeugend. Kommen wir zur bereits erwähnten *Bachmann-Turner Overdrive*, die 1973 mit den titelgebenden Protagonisten *Randy Bachman* an der Gitarre und *Charles Frederick* oder kurz *Fred Turner* am Bass an den Start ging. Beide hatten nach *Bachmans Guess-Who*-Zeit zuvor bei *Brave Belt* zusammengespielt – *Neil Young* hatte *Turner* dort als singenden Bassisten empfohlen – und nachdem *Bachmans* Brüder *Robbie* am Schlagzeug und *Timmy* an der zweiten Gitarre das Quartett vervollständigt hatten, wurde auf Anregung der Plattenfirma *Mercury* daraus *Bachman-Turner Overdrive*.

Stärker noch als bei *Guess Who* wurde geradlinig drauflosgerockt, und Titel wie „Roll On Down The Highway", „Hey You", „Four Wheel Drive" und vor allem der Stotter-Song „You Ain't See Nothing Yet" wurden weltweite Hits.

Auch ihre Liveauftritte garantierten stets viel Power, und optisch entsprachen die bärtigen und wildgelockten Herren *Bachman* und *Turner*, die sich den Solo-Gesang bei den einzelnen Stücken teilten, durchaus dem kanadischen Holzfäller-Klischee.

Ganz bewusst habe ich aber zunächst zwei Titel ausgewählt, die da etwas herausfallen: zunächst von der 1977 auf Mercury erschienenen Konzertplatte von der Japan-Tour der Band die *Randy-Bachman*-Komposition „Welcome Home", aufgenommen in der *Budokan* von Tokyo und damit in guter Gesellschaft von Rockgrößen wie *Bob Dylan, Cheap Trick,* der *Michael-Schenker-Group* oder der *Ian-Gillan-Band*, die alle in der ehemaligen olympischen Kampfsporthalle ihre livehaftigen Sternstunden verewigt haben.

Danach dann ein echter Leckerbissen für Bluesrock-Fans: *Bachman-Turner Overdrive* covern *Mountain*, und zwar deren „Mississippi Queen" aus der Feder des *Mountain*-Bassisten und früheren *Cream*-Produzenten *Felix Pappalardi*. Nicht von ungefähr bekennt sich *Randy Bachman* zum stilistischen Einfluss, den *Mountain*-Gitarrist *Leslie West* auf ihn ausgeübt habe. Bevor er zur Gitarre griff, hatte *Bachman* übrigens das Geigenspiel erlernt…

Zurück zur „Mississippi-Queen", dieser heißen Cajun-Lady, die am besten tanzt, wenn sie reichlich Wein getrunken hat: Mitgeschnitten wurde diese druckvolle Verbeugung vor *Mountain* bei einem Konzert in der Motor-City Detroit – zu diesem Zeitpunkt spielten *BTO* mit *Garry Peterson* am Schlagzeug und verstärkt durch den Keyboarder *Billy Chapman* – veröffentlicht 1986 im damals hochmodernen Direct-Metal-Mastering-Verfahren von MCA-Records.

BTO: Welcome Home / Mississippi Queen

Randy Bachman, der im September 78 wird, ist noch immer musikalisch aktiv, unter anderem in einem gemeinsamen Bandprojekt mit dem einstigen *Guess-Who*-Weggefährten *Burton Cummings*. Seine Geburtsprovinz Manitoba hat den einst streng religiös in mormonischer Tradition Erzogenen mit ihrem höchsten Orden, dem *Order of Manitoba*, geehrt; zudem leuchtet sein Stern auf dem *Canada's Walk of Fame* in Toronto gleich zwei Mal: sowohl für den Solisten als auch gemeinsam mit *Guess Who*. Und auch privat ist bei ihm einiges losgewesen – aus zwei Ehen hat er sieben Kinder und inzwischen 26 Enkel sowie 4 Urenkel – das verrät der englischsprachige Wikipedia-Eintrag.

Und bevor wir zur nächsten kanadischen Band kommen, soll natürlich noch sein größter Hit erklingen, der die Reize einer Teufelsfrau so anspielungsreich lobpreist, dass es dem Sänger glatt die Sprache verschlägt, und der um Rat befragte Arzt diagnostiziert weise, dass jede Liebe eine gute Liebe sei: „You Ain't See

Nothing Yet" – *So was hast du noch nie gesehen* – aufgenommen von der *Bachman-Turner-Band* im November 2010 im *Roseland Ballroom* von New York. *Bachman* und *Turner* gingen auch danach noch mehrfach gemeinsam auf Tour; erst im März 2018 erklärte *Fred Turner* kurz vor seinem 75. Geburtstag, der Bühne nun endgültig Adieu zu sagen. Erfreuen wir uns also an der in Vinyl gepressten Erinnerung…

Bachman & Turner: You Ain't See Nothing Yet

Wir wechseln zu jener kanadischen Band, die schlicht genauso heißt: *The Band!* Und da schnalzen sicher viele von euch mit der Zunge, bestimmte das Quintett doch ein Jahrzehnt lang den nordamerikanischen Rocksound absolut mit. Zudem sind sie durch ihre langjährige Zusammenarbeit mit *Bob Dylan* legendär geworden. Für heute muss ich die Erwartungen allerdings etwas dämpfen – zum einen waren *The Band* ja immer schon mal in früheren LiveRillen-Sendungen zu hören, zum anderen werde ich die komplette November-Sendung einem dann genau 45 Jahre zurückliegenden Ereignis widmen und das legendäre Abschiedskonzert „The Last Waltz" aus dem *Winterland* in San Francisco ausführlich vorstellen – dann auch mit vielen Informationen rund um die Bandgeschichte. Heute bleibt es deshalb für *Robbie Robertson, Levon Helm, Rick Danko, Garth Hudson* und *Richard Manuel* bei einem Song, den ich dem 2015 auf dem DOL-Label erschienenen Mitschnitt eines Konzertes vom August 1976 im *Carter Barron Amphitheater* in Washington D.C. entnommen habe: Gepresst in 180-Gramm-Vinyl behaupten *The Band* da: „It Makes No Difference" – ein tief trauriges Liebeslied, in dem *Robbie Robertson* sich

ganz seinem Schmerz hingeben kann: *Es macht keinen Unterschied, wohin ich auch gehe und wen ich treffe – die Sonne scheint nicht mehr und der Regen fällt vor meiner Tür...*
Hier sind sieben Minuten pure Melancholie mit *The Band*, und am Schluss lässt Organist *Garth Hudson* dann sogar noch das Saxofon schluchzen.

The Band: It Makes No Difference

Und damit zu einer weiteren ganz großen Hausnummer: *Steppenwolf* – gegründet allerdings 1967 in Kalifornien, sodass der Bezug zu Kanada erklärt werden muss, was zugegeben nicht ganz einfach ist: Bandleader war – und ist bis heute – der Gitarrist, Sänger und Songschreiber *John Kay*. Der wiederum wurde 1944 im ostpreußischen Tilsit als *Joachim Fritz Krauledat* geboren; zwei Monate zuvor war sein Vater im Krieg gefallen. Auf der Flucht vor der Roten Armee gelangte seine Restfamilie nach Thüringen; von dort floh die Mutter mit dem inzwischen Vierjährigen aus der sowjetisch besetzten Zone in den Westen. Zehn Jahre lebte *Krauledat* in der Nähe von Hannover, bis die Familie 1958 nach Kanada auswanderte. Da war der 14Jährige, der übrigens bis heute an einer angeborenen Sehschwäche leidet, bereits per Radio mit ausreichend Rock'n'Roll infiziert, um sofort zur Gitarre zu greifen, sich in *John Kay* umzubenennen und mit *The Sparrow* (also „Der Sperling") eine Folkrock-Band in Toronto zu gründen. Die tauchte dann kurz danach in San Francisco auf und wurde zur Keimzelle für *Steppenwolf*. Die Popularität der Band in den studentischen Kreisen an der Westküste der USA stieg enorm, als ihr Song „Born To Be Wild" den Vorspann des Roadmovies „Easy Rider" untermalen durfte, in dem *Dennis Hopper* und *Peter Fonda* am Traum der großen Freiheit letztlich grandios scheitern.
Neben diesem unverwüstlichen Klassiker hatten *Steppenwolf* mit „Magic Carpet Ride", „Sookie, Sookie", „The Pusher" oder dem der US-Regierung unter Präsident Nixon gewidmeten „Monster" weitere veritable Hits, bevor es 1976 zur Auflösung der Band kam. Allerdings hielt es *John Kay* abseits der Bühne nicht lange aus – 1980 formierte der Deutsch-Kanadier sein Nachfolgeprojekt *John Kay & Steppenwolf*, das nun auch neues Material vorlegte und dieses bei Livekonzerten rund um den Globus geschickt mit den alten Heulern mischte. Für die heutige Sendung habe ich deshalb die 1981 bei *Mercury* erschienene Konzert-LP „Live In London" aufgelegt.

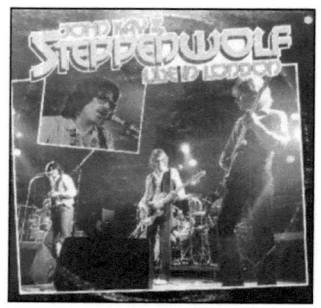

Daraus jetzt das medienkritische „Give Me News I Can Use" und anschließend das *John-Kay'sche* Liebeslied „You", bei dem das Vibrato in seiner Stimme sehr gut zur Geltung kommt.

Steppenwolf: Give Me News I Can Use / You

Dass der deutschstämmige Kanadier – inzwischen 77 Jahre alt – seit langem Mitglied der *Canadian Music Hall of Fame* ist und natürlich auch längst seinen Stern auf dem *Canada's Walk of Fame* innehat, muss ich sicher nicht extra betonen. 2002 hat ihn zudem *Herman Hesses* Geburtsstadt Calw als Ehrengast zum *Internationalen Hermann-Hesse-Festival* eingeladen – seine Band *Steppenwolf* hatte *Hesses* gleichnamigen Roman immerhin zum Kultbuch der 68er Jugendbewegung gemacht. Nach Jahren im kanadischen Vancouver lebt er heute mit seiner Frau Jutta, die er bereits 1965 kennengelernt hatte, wieder in Kalifornien – dort scheint das Klima einfach besser zu sein für alternde Männer, vermute ich mal.

Weiter geht's bei unserem Streifzug durch die kanadische Livemusikszene mit einer Bluesrock-Combo namens *April Wine*, 1969 auf der ostkanadischen New-Scotland-Insel Waverly gegründet. Kopf der mit Unterbrechungen bis heute bestehenden Band war und ist der Gitarrist, Sänger, Songschreiber und Produzent *Myles Goodwyn*. In Kanada und den USA wurden zahlreiche LPs von *April Wine* in den 1970er und 80er Jahren vergoldet; in Europa dagegen blieb die stets kraftvoll musizierende Band, die hin und wieder bei Festivals auftauchte, leider ein Geheimtipp.

In meinem Plattenregal steht ihre 1977 erschienene LP „Live At The El Mocambo", und dazu gibt es eine hübsche Geschichte zu erzählen: Für ein im März 1977 in dem berühmten Musik-Club in Toronto geplantes Wohltätigkeitskonzert war neben *April Wine* eine Band namens *The Cockroaches* als Co-Headliner angekündigt. Tja, und diese „Kakerlaken" stellten sich dann auf der Bühne als die *Rolling Stones* heraus! Das Pseudonym war allerdings ein schlecht gehütetes Geheimnis, und so kamen riesige Menschenmassen zu der zweitägigen Veranstaltung. *April Wines* Auftritt wurde aufgezeichnet und als Album veröffentlicht. Nach dem Auftritt im *El Mocambo* bekamen *April Wine* endlich die Chance, durch die USA zu touren, zuerst als Support für die *Rolling Stones*, dann

für verschiedene beliebte Headliner, darunter *Styx* und die ebenfalls kanadische
Hardrock-Band *Rush*, zu der wir noch kommen.
Hier aber zunächst *April Wine* mit „Juvenile
Delinquent", einem Titel des kanadischen
Songwriters *Bob Segarini*, und danach „Slow Poke"
aus der Feder des *April-Wine*-Frontmanns *Myles
Goodwyn*.

April Wine: Juvenile Delinquent / Slow Poke

Kraftvoller, melodischer Hardrock, der ebenso in Schwingung versetzt wie die
Musik der nächsten, hierzulande leider ebenfalls weitgehend unbekannten
kanadischen Band: *Max Webster*.
Was wie der Name eines Bandmitglieds klingt, ist eine bewusste Täuschung: Die
1973 als Trio gegründete Combo hieß zunächst *Stinky*, dann *Special Delivery*, bevor
der damalige Bassist *Mike Tilka* auf den Namen *Max Webster* kam: Er hatte zuvor
in einer Band namens *Family At Max* gespielt, und einer ihrer Titel hieß „Song for
Webster". Man habe einen Namen ähnlich wie *Jethro Tull* gesucht, wird später
kolportiert werden – also einen Namen, der eigentlich nichts mit der Band selbst
oder ihren Protagonisten zu tun hat.
Neben *Tilka* spielten in dem ursprünglichen Trio der Gitarrist und Sänger *Kim
Mitchell* sowie Schlagzeuger *Phil Trudell;* 1973 kam *Jim Bruton* an den Keyboards
hinzu. 1975 erschien ihr Debütalbum, dann drehte sich das Personalkarussell: Nun
saß *Gary McCracken* am Schlagzeug; Bassist *Tilka* wurde durch *Dave Myles* ersetzt,
und für *Jim Bruton* drückte *Terry Watkinson* die Tasten. Konstante bei *Max Webster*
war Gitarrist und Sänger *Kim Mitchell* – seinerzeit mit wehender Mähne, heute mit
kahlem Schädel. Nun ja, an wem geht die Zeit schon spurlos vorüber?
Max Webster tourten von Mitte der 1970er bis Anfang der 1980er Jahre und
spielten jährlich bis zu 250 Konzerte in Bars, High Schools, Theatern und
Konzertarenen. Zu den Künstlern, für die sie auftraten, gehörten *Bachman-Turner
Overdrive, Blondie, The Cars, Cheap Trick, Peter Gabriel, Genesis, The Guess Who, Kansas,
Ted Nugent, Rainbow, Rare Earth, REO Speedwagon, Rush, Strawbs* und *Styx*.
Insbesondere als Support von *Rush*, mit denen sie eng befreundet waren, gab es
ausgedehnte Tourneen auch außerhalb von Kanada.
1979 wurde bei *Max-Webster*-Konzerten im Süden Ontarios das Album „Live
Magnetic Air" mitgeschnitten und im selben Jahr bei *Capitol* veröffentlicht. Daraus
jetzt „Paradise Skies" – der Song erreichte in Großbritannien immerhin Platz 43

der Single-Charts – gefolgt von „Lip Service" – dem Lippenbekenntnis von und mit *Max Webster*.

Max Webster: Paradise Skies / Lip Service

Nach der Auflösung der Band war Gitarrist und Sänger *Kim Mitchell* dann als Solo-Künstler durchaus erfolgreich; Keyboarder *Terry Watkinson* gründete eine neue Band, die weiterhin alte *Max-Webster*-Songs spielte, und *Gary McCracken* gab Schlagzeug-Unterricht in seiner Heimatstadt Sarnia in Ontario.

Nun aber kommen wir bei unserem Streifzug durch die kanadische Live-Rock-Szene zur schon mehrfach erwähnten Band *Rush* – sicher die international bekannteste Hardrock-Band des Landes. Sie tauchte ja auch in früheren LiveRillen-Sendungen schon hin und wieder auf. Das 1968 gegründete Trio existierte immerhin 40 Jahre in fast unveränderter Besetzung; von Anfang an dabei waren der Bassist, Keyboarder und Sänger *Geddy Lee* sowie Gitarrist *Alex Lifeson*. Lediglich der Gründungsschlagzeuger *John Rutsey* stieg nach der Produktion der ersten Rush-LP aus gesundheitlichen Gründen aus und wurde 1974 durch *Neil Peart* ersetzt, dessen exzellentes Spiel fortan wesentlich zum Erfolg der Band beitrug. Der *Rolling Stone* führt *Neil Peart* bis heute unter den Top 5 der weltbesten Rock-Drummer.

Ein bösartiger Hirntumor zwang *Peart* allerdings im Jahr 2015, der Bühne Lebewohl zu sagen; 2020 ist er an den Folgen der Erkrankung verstorben. Inzwischen haben *Geddy Lee* und *Alex Lifeson* erklärt, sie könnten sich künftig ein gemeinsames Musizieren wieder vorstellen, in welcher Form auch immer – sicher fände das die Zustimmung von *Neil Peart*, schon um das Andenken an die Hardrocker, die seit 2012 Mitglied der *Rock and Roll Hall of Fame* sind, wachzuhalten.

Ihre Livekonzerte bestachen stets durch einen perfekten Sound und eine ausgeklügelte digitale MIDI-Technik, die die Musiker neben ihren eigentlichen Instrumenten selbst auf der Bühne bedienten.

Ich habe für heute aus ihrem Doppelalbum „A Show Of Hands", das 1989 auf *PolyGram* erschienen ist, den fulminanten Konzertabschluss „Closer To The Heart" ausgewählt – aufgenommen wurde das Stück während ihrer „Hold Your Fire" betitelten Welt-Tournee 1988 in Birmingham.

Übrigens ist *Neil Peart* auch hier – wie bei fast allen Songs von Rush – für den Text verantwortlich; Kritiker lobten stets die hohe poetische Qualität der *Rush*-Lyrics. „Closer To The Heart" – näher am Herzen – hier sind *Rush* live!

Rush: Closer To The Heart

Nicht unerwähnt bleiben soll das jahrzehntelange soziale und gesellschaftliche Engagement des Hardrock-Trios. 2003 spielten sie ein Benefiz vor einer halben Million Zuschauern, dessen Einnahmen der von den damaligen SARS-Ausbrüchen gebeutelten Wirtschaft Torontos zugutekamen. Weitere Spenden und Konzerteinnahmen gingen unter anderem an das *Canadian Museum for Human Rights*, an das kanadische Rote Kreuz oder die Initiative *Little Kids Rock*, die sich für die Musikausbildung an benachteiligten öffentlichen US-Schulen einsetzt. Und von einem TriAmp-Gitarrenverstärker, den *Alex Lifeson* 2005 gemeinsam mit den Elektronikern von *Hughes & Kettner* entwickelt und signiert hat, gehen jeweils 50 Dollar vom Verkaufspreis an UNICEF. Hut ab vor so viel Gemeinsinn – davon könnten sich andere Promis eine dicke Scheibe abschneiden…

Wir bleiben auch mit der nächsten kanadischen Band noch im härteren Segment und drehen sogar noch ein wenig auf: Nicht umsonst nannten sich diese drei Jungs *Anvil* – der Amboss. 1978 in Toronto gegründet, gelten sie international als Wegbereiter des *Speed Metal* und haben zahlreiche Bands nach ihnen beeinflusst. *Anvil* existieren bis heute, auch wenn es immer mal wieder Phasen gab, in denen sie kaum wahrnehmbar waren – aufgrund ihrer diversen Possen auf und neben der Bühne, der Rückschläge, die sie verschiedentlich erlitten haben, und ihrer Entschlossenheit, trotzdem weiterzumachen, werden sie gern mit der fiktiven Band *Spinal Tap* verglichen, die durch den Film „This Is Spinal Tap" aus dem Jahr 1984 legendär geworden war.

Zwischenzeitlich zum Quartett erweitert, sind *Anvil* aktuell wieder als Trio aktiv – neben den Gründungsmitgliedern *Steve „Lips" Kudlow* an Leadgitarre und Gesang sowie dem für sein druckvolles Double-Bassdrum-Spiel bekannten Schlagzeuger *Robb Reiner* komplettiert Bassist *Chris Robertson* die Band.

Als *Anvil* 1981 – damals noch mit *Ian Dickson* am Bass und *Dave Allison* an der Rhythmusgitarre – ihre erste Platte veröffentlicht hatten, stand übrigens *Lemmy Kilmister* vor *Steve Kudlows* Tür mit dem Angebot, künftig Gitarre für *Motörhead* zu spielen, um dort „*Fast*" *Eddie Clarke* zu ersetzen, aber: *Kudlow* lehnte ab! So können wir ihn in dieser Sendung erleben mit einem Titel von der im kalifornischen San Pedro aufgenommenen Platte „Live In Concert", die 1989 auf dem US-amerikanischen Hardrock-Label *Metal Blade Records* erschienen ist. „Forged In Fire" war Titelsong ihrer 1983er Studio-LP, und der kommt nun schwer metallisch mit deutlichen Anleihen an die frühen Jahre von *Black Sabbath* daher. Hier sind die

kanadischen Hardrocker von *Anvil*, die 2010 auch in Deutschland auf Tour waren und zudem auf etlichen europäischen Festivals spielten – die einschlägigen Fans unter euch werden die harten, schnellen Jungs sicher kennen, auch wenn sie längst nicht mehr an ihre frühen Erfolge anknüpfen können.

Anvil: Forged In Fire

So steppt der Grizzly – bei diesem Querschnitt der kanadischen Liverock-Szene bekommt nun *Frank Marino* Gelegenheit, seine eindrucksvolle Gitarrenkunst zu zeigen. 1954 als *Francesco Antonio Marino* geboren, galt er früh als Epigone von *Jimi Hendrix,* dessen Geist – so kolportiert es eine oft wiederholte Legende – ihm bei einem LSD-Trip erschienen sei. *Marino* selbst meinte dazu, nicht er habe *Hendrix* bewusst kopiert; vielmehr habe ihn dieser Gitarrenstil einfach ausgewählt.

Als Kind hatte der Sohn italienischer und arabischer Vorfahren zunächst Gefallen am Schlagzeugspiel gefunden, dann aber mit 13 oder 14 Jahren die Gitarre für sich entdeckt. Neben *Hendrix* nennt er *John Cipollina* von *Quicksilver Messenger Service,* den *Doors*-Gitarristen *Robby Krieger, Duane Allman, Johnny Winter* und *Carlos Santana* als wichtige Einflüsse seines bluesrockorientierten Spiels auf seiner *Gibson SG* Gitarre. Mit *Mahogany Rush* gründete *Frank Marino* eine eigene Band, die mal als Trio, mal als Quartett existierte und ihm den nötigen Freiraum für sein gitarristisches Können bot. Auch bei diversen Produktionen von Musikerkollegen taucht sein Name auf, so mischte er für *April Wine,* die wir vorhin hörten, auf deren fünfter Studio-LP „The Whole World's Goin' Crazy" von 1976 kräftig mit.

Daneben tourte er in den 1970er und 80er Jahren regelmäßig durch Nordamerika, trat unter anderem im Vorprogramm von *Aerosmith* und *Ted Nugent* auf und veröffentlichte solide Platten, doch insgesamt blieb der Erfolg hinter den eigenen

Erwartungen zurück. Bis heute haftet ihm dieser Ruf eines sträflich unterschätzten Künstlers an. Als auch zwei Solo-LPs bei CBS floppten, eröffnete *Marino* 1990 sein eigenes *Starbase Tonstudio* in Montreal und zog sich eine Weile von der Bühne zurück. Das änderte sich in den 2000er Jahren, als er mit neuer Band tourte und auch an Blues-Aufnahmen anderer Künstler beteiligt war – so spielte er unter anderem auf Tribute-Alben für *Albert King* und *Stevie Ray Vaughan*.

Vor wenigen Wochen, Ende Juni 2021, gab *Frank Marino* überraschend bekannt, dass eine aufgrund der Corona-Pandemie verschobene Tour nun doch nicht stattfinden könne, da er schwer erkrankt sei. Näheres ist dazu nicht bekannt – wünschen wir dem 66Jährigen baldige Genesung.

Aus seiner 79er LP „Tales Of The Unexpected", deren zweite Seite einen Konzertmitschnitt enthält, habe ich „Down, Down, Down" ausgewählt – hier sind *Frank Marino* und seine Band *Mahogany Rush*, die zu dieser Zeit durch den Bassisten *Paul Harwood* sowie *Jim Ayoub* am Schlagzeug komplettiert wurde.

Frank Marino: Down, Down, Down

Schon jetzt ist abzusehen, dass diese LiveRillen-Sendung zur kanadischen Liveszene natürlich Lücken aufweisen wird: So werde ich *Leonard Cohen, Joni Mitchell* oder *Bruce Cockburn* in einer späteren Singer/Songwriter-Ausgabe vorstellen, und *Bryan Adams* sowie *Neil Young* hatte ich anlässlich ihrer Geburtstagsjubiläen in früheren Sendungen schon ausführlich gewürdigt. Für heute habe ich noch zwei Künstler ausgewählt, die in stilistisch unterschiedlicher Weise dem bisher Gehörten doch durchaus verwandt sind – gitarrenbasierter Bluesrock. Zunächst *Pat Travers*, 1954 in Toronto geboren.

Mit 12 Jahren griff er zur Gitarre; kurz danach löste der Besuch eines *Jimi-Hendrix*-Konzertes in Ottawa auch bei ihm die Initialzündung aus. Schon als Jugendlicher gründete er diverse Bandprojekte, spielte in regionalen Clubs und wurde vom bekannten Rock'n'Roll-Star *Ronnie Hawkins* entdeckt und gefördert. Er zog für einige Jahre nach London, wo seine erste Platte erschien, die ihm schon 1976 eine Einladung in den *Rockpalast* des WDR einbrachte.

1978 entstand dann die eigentliche *Pat Travers Band*, zu der neben ihrem Frontmann an Gitarre und Gesang der Gitarrist *Pat Thrall*, Peter „Mars" *Cowling* am Bass und der Schlagzeuger *Tommy Aldridge* gehörten. In dieser Besetzung war die Band unter anderem Support für *Rush* auf deren „Drive Til You Die"-Tour.

1979 erschien mit „Go For What You Know" eine Live-LP der *Pat Travers Band*

 bei Polydor – daraus jetzt zwei von *Pat Travers* geschriebene Titel: Zunächst „Stevie", das mich in Aufbau, Stilistik und Sound durchaus an *Wishbone Ash* erinnert, die *Travers* in seinen Londoner Jahren zweifellos wahrgenommen hat, und danach „Go All Night".

Pat Travers: Stevie / Go All Night

Obwohl *Pat Travers* nie zu den ganz großen Namen des Rockbusiness zählte, war und ist er bis heute unermüdlich aktiv. 2001 nahm er an der „Voices of Classic Rock"-Tour teil und hatte gemeinsam mit dem *Mountain*-Gitarristen *Leslie West* mit „Rock Forever" sogar einen kleinen Hit. 2004 tourte *Travers* mit dem erfahrenen Schlagzeuger *Carmine Appice* durch die USA. Danach nahm er eine Platte mit Coversongs von Bands wie *Led Zeppelin, Montrose* oder *Queen* auf. Von 2008 bis 2016 gab es dann eine neue *Pat Travers Band*, und seine jüngste Veröffentlichung „Swing!" datiert aus dem Jahr 2019. Da ist also von dem 67Jährigen hoffentlich noch einiges zu erwarten.

Das ist uns beim folgenden Künstler, mit dem die heutige LiveRillen-Ausgabe „So steppt der Grizzly" zur Liverock-Szene Kanadas ihren Abschluss findet, nicht vergönnt: *Jeff Healey* ist bereits im Jahr 2008 kurz vor seinem 42. Geburtstag verstorben – im SPIEGEL hieß es damals dazu, *seine Karriere gehöre zu den erstaunlichsten und mutigsten der Musikgeschichte.*[3]

1966 in Toronto geboren, erblindete er als Einjähriger an einem sehr seltenen, bösartigen Netzhaut-Tumor, der letztlich dann auch zu seinem frühen Tod führte. Seine Erfüllung fand er in der Musik; mit drei Jahren entdeckte er die Gitarre, die er sich quer auf die Knie legte, um sie zu spielen; später in der Jazzband seiner Blindenschule griff er auch zur Trompete und galt als musikalisches Wunderkind. Kaum zwanzig Jahre alt, stand er bereits mit Stars wie *Albert King, Stevie Ray Vaughn, B.B. King, Robbie Robertson* und *Bob Dylan* auf der Bühne. 1986 gründete er gemeinsam mit dem Bassisten *Joe Rockman* und dem Drummer *Tom Stephen* die *Jeff Healey Band*, deren Konzerte und seit 1988 regelmäßig erscheinenden Platten, darunter auch Jazzproduktionen als Trompeter, Fans wie Kritiker gleichermaßen

---

[3] Siehe https://www.spiegel.de/kultur/musik/angel-eyes-blinder-gitarrist-jeff-healey-gestorben-a-538906.html.

verzückten. Seine letzten Lebensjahre waren geprägt vom Kampf gegen den stark metastasierenden Tumor, den er letztlich verlor.

Bei seinen Konzerten mischte *Jeff Healey* stets Bluesklassiker mit Titeln von *Jimi Hendrix, John Hiatt, ZZ-Top* oder *Cream* sowie mit eigenen Kompositionen. Dazu zählt „See The Light", das ich zum Abschluss der heutigen LiveRillen auflege – aufgenommen bei einem Konzert des Trios im *Diamond Club* von Toronto im November 1988 und erschienen auf einem Bootleg des Luxemburger Labels *Swingin' Pig Records*. Daraus *Jeff Healeys* Komposition „See The Light"!

Die nächste LiveRille im September widmet sich einem popmusikalischen Phänomen, das unter dem Begriff „Krautrock" Eingang in die Kulturgeschichte des 20. Jahrhunderts gefunden hat. Freut euch drauf!

Jeff Healey: See The Light

Quellen:

- Anvil: Live In Concert, LP, Metal Blade Records, 1989
- April Wine: Live At The El Mocambo, LP, NOVA-Records, 1977
- Bachmann Turner Overdrive: B.T.O. Japan Tour, LP, Phonogram, 1977
- Bachmann Turner Overdrive: Live! Live! Live!, LP, CURB Records, 1986
- Bachman & Turner: Live At The Roseland Ballroom, NYC, Do.-LP, Eagle, 2011
- The Band: Live In Washington DC 1976, LP, DOL/Vinylogy, 2015
- The Jeff Healey Band: In Concert, LP, Swingin' Pig Records, 1990
- Frank Marino & Mahogany Rush: Tales Of The Unexpected, LP, CBS, 1979
- Max Webster: Live Magnetic Air, LP, Capitol/EMI, 1979
- Rush: A Show Of Hands, Do.-LP, Polydor, 1989
- John Kay & Steppenwolf: Live In London, LP, Mercury/Poly Gram, 1981
- Pat Travers Band: Go For What You Know, LP, Polydor, 1979
- https://jeffhealey.com/
- https://www.spiegel.de/kultur/musik/angel-eyes-blinder-gitarrist-jeff-healey-gestorben-a-538906.html

No. 42:   Krautrock

(September 2021)

Ein einziger Begriff steht als Motto über diesen LiveRillen, und der klingt erst einmal ungewöhnlich: *Krautrock!* Und was da so ein wenig hausbacken daherkommt, ist wohl auch genau so gemeint, klebt dieses Etikett doch seit Jahrzehnten auf der frühen Rockmusik aus deutschen Landen – genauer gesagt: aus westdeutschen Landen. Schließlich reklamieren Großbritannien und die USA nicht zu Unrecht die Elternschaft für dieses vielgestaltige kulturelle Phänomen, das man mit Beat, Rock oder Popmusik nur unzureichend umschreibt, für sich. Zudem kennt man ja die keineswegs freundliche Bezeichnung „Krauts" – also die Sauerkraut-Fresser – für die Soldaten der deutschen Wehrmacht im 2. Weltkrieg; allerdings hatten die Alliierten wohl auch wenig Grund für einen netteren Umgangston.

Wer nun allerdings glaubt, die Bezeichnung *Krautrock* sei eine britische Erfindung, befindet sich auf dem Holzweg: Ein deutsches Plattenlabel warb mit diesem Etikett 1971 in der Musikzeitschrift *Billboard* für aktuelle Musikproduktionen aus deutschen Landen, und die Hamburger Band *Faust* legte zwei Jahre später nach, als sie den Opener ihres vierten Albums „Krautrock" taufte!

Heute gilt der Begriff allgemein als wertfrei, er ist akzeptiert und etabliert. Der *Rolling Stone* etwa kam im Januar dieses Jahres mit der Story „Das ultimative Who's Who im Krautrock – von Can bis Novalis" heraus und versprach darin den Rückblick *„auf ein Genre …, das bis heute leidenschaftlich verehrt wird"*.[4]

Wikipedia listet rund 40 Bands unter dem Begriff auf, und in der Zeitschrift *GoodTimes* waren erst jüngst Interviews mit und Berichte über *Hoelderlin, Inga Rumpf, Kraan* oder *Can* zu lesen – allesamt gestandene Protagonisten der Krautrock-Szene. Auf diese Kategorisierung angesprochen, gab *Kraan*-Bassist *Helmut Hattler* gewohnt drastisch zu Protokoll: *„Krautrock geht mir am Arsch vorbei. Aber Kategorisierungen müssen sein. Wenn du eine Pulle Whiskey ohne Etikett vor dir zu stehen hast, wirst du daraus kaum einen Schluck nehmen. Du weißt ja nicht, was drin ist. Und nimmt man den Begriff Kraut nicht als Schimpfwort für Deutsche, sondern setzt ihn in andere Beziehungen – zum Beispiel das Kraut, das man rauchen kann –, ist die Schublade durchaus verschmerzbar"*.[5]

---

4   https://www.rollingstone.de/whos-who-krautrock-bands-musiker-alben-805327/.
5   In: GoodTimes, 4/2021, Nr. 173, S. 26.

Damit haben wir den Wink mit dem Zaunpfahl, besser dem Joint sicher
verstanden und hören gleich mal rein bei *Kraan*, einer rein instrumental
musizierenden Band aus Ulm, deren Live-Album
– mitgeschnitten 1974 im Westberliner *Quartier
Latin* – 1975 bei *Spiegelei/Intercord* erschienen ist.
*Kraans „.hochklassige Abfahrten mit ihren jazzigen und
funkigen Untertönen schätzte man sogar in den USA"*,
lesen wir dazu im *Rolling Stone*. [6]
Hier sind *Kraan* live mit „Lonesome Liftboy".

Kraan: Lonesome Liftboy

Kraans einsamer Fahrstuhlführer durfte die heutige *LiveRillen*-Ausgabe eröffnen,
die sich einem popmusikalischen Phänomen widmet, das zwar nicht ganz die
Dimension der so genannten *British Invasion* erreichte, als Mitte der 1960er Jahre
im Gefolge der *Beatles* englische Beatgruppen wie *The Who, The Small Faces, The
Kinks* oder *The Hollies* in die Phalanx der US-amerikanischen Szene einbrachen,
aber das immerhin die deutschen Bands als vollwertigen Bestandteil und wichtigen
Impuls der internationalen Rock- und Popmusik wahrnehmbar werden ließ:
Krautrock!
Waren in den frühen 1960er Jahren die deutschen Combos noch als Epigonen der
internationalen Trendsetter unterwegs – ich denke hier an die *Rattles*, die *Rainbows*
oder die *Lords* –, so setzte spätestens mit der 68er Jugendbewegung eine
Neuausrichtung ein, die keineswegs einheitlich verlief und viele Facetten aufwies,
aber dennoch eine deutliche Abkehr vom vorherigen Mainstream beinhaltete. Eine
Frankfurter Beatband nannte sich übrigens schon in den frühen 60ern *The Krauts*,
aber das hatte noch gar nichts mit dem späteren Krautrock gemein...
Einige Faktoren, die *Kraans* Eröffnungstitel teilweise bereits demonstriert hat, sehe
ich – bei aller Differenzierung – für diesen als übergreifend an. Dazu gehört die
Verschmelzung unterschiedlicher stilistischer Einflüsse, die Jazz und
psychedelische Musik ebenso umfassen wie Folk, Soul, Progressive Rock oder
Rhythm&Blues, und selbst Elemente klassischer und moderner E-Musik fließen
ein – hier sei der an der Kölner Musikhochschule lehrende Elektronik-Komponist
Karlheinz Stockhausen als Inspirator erwähnt. Von großer Bedeutung waren dabei
die Fortschritte auf dem Gebiet der synthetischen Klangerzeugung, die es
ermöglichten, mittels Synthesizer stark verfremdete und beliebig bearbeitbare

---

6   Siehe: https://www.rollingstone.de/whos-who-krautrock-bands-musiker-alben-805327/.

Sounds zu erzeugen, mit denen eigentlich alle Krautrockbands gern und ausgiebig experimentierten.

Damit verbunden war die Sprengung des Dreiminuten-Korsetts hitparadentauglicher Titel; nunmehr durften Stücke schon mal die Länge einer ganzen Plattenseite erreichen und von mehreren Stimmungs- und Rhythmuswechseln geprägt sein.

Das wiederum orientierte gegenüber den zuvor dominierenden Singles wesentlich stärker auf die Langspielplatte, zumal wenn es sich um inhaltlich und dramaturgisch durchkonstruierte Konzeptalben handelte. Dabei dominierten keineswegs – wie man vermuten könnte – deutsche Texte, auch wenn sich beispielsweise *Ihre Kinder, Hoelderlin, Novalis* oder *Guru Guru* daran versuchten. Ansonsten wurde – gerade auch mit Blick auf den internationalen Markt – englisch gesungen; einige vom Jazz beeinflusste Bands arbeiteten aber auch rein instrumental. So vorhanden, wurden die Botschaften der Texte insgesamt politischer, oder sagen wir gesellschaftsbezogener, auch wenn das nicht unbedingt puren Realismus erforderte. Diese Botschaften konnten nämlich in teils kryptischen Bildern und Metaphern verborgen daherkommen und das vornehmlich studentische Publikum damit zur individuellen Dekonstruktion einladen. Dass dieser ästhetische Ansatz für die beteiligten Musiker häufig mit der Erprobung alternativer Lebenskonzepte einherging und den extensiven Gebrauch von Drogen einschloss, sei der Vollständigkeit halber erwähnt. Damit aber genug der Krautrock-Theorie...

Ein exemplarisches Praxis-Beispiel dazu bilden *Amon Düül* und ihr Ableger *Amon Düül II*. Waren erstere noch eine Musikerkommune mit gesellschaftspolitischer Ausrichtung, die sich 1968 im oberbayerischen Herrsching am Ammersee gegründet hatte, versuchten sich die Abtrünnigen zunächst an historisierender Klangmalerei und religiöser Fantasy und erschienen damit als billige Kopie der damals noch stark von *Syd Barrett* bestimmten *Pink Floyd* mit Anklängen an *Velvet Underground* oder *Grateful Dead*.

Ihr eklektizistischer Klangkosmos enthielt neben experimenteller Elektronik sowie zahlreichen Perkussionsinstrumenten auch Violine und Saxofon – beides spielte *Chris Karrer* neben seiner Gitarre –, und die zunehmende Virtuosität der Sängerin *Renate Knaup* und ihrer Musiker, von denen zumindest noch der Bassist *Lothar Meid*, *Peter Leopold* am Schlagzeug und der Keyboarder *Falk Rogner* erwähnt seien, bescherte der Band zu Beginn der 1970er Jahre dann auch internationale Anerkennung. So schrieb der britische *Melody Maker* 1972, *Amon Düül II* sei die *„erste deutsche Gruppe, die einen eigenen Beitrag zur internationalen Musikszene geliefert"* habe. Und *Siegfried Schmidt-Joos* nennt sie in seinem Rocklexikon in diesem Kontext sogar „*die deutsche Ausgabe von Jefferson Airplane*".

Genug geredet – hier ist Musik von *Amon Düül II* aus ihrem im Dezember 1972 aufgezeichneten Konzert im Londoner *Greyhound-Club* – das mehrteilige Werk „Syntelman's March Of The Roaring Seventies" – die LP ist übrigens 2018 von BMG wiederveröffentlicht worden.

Amon Düül II: Syntelman's March Of The Roaring Seventies

Zu den bekanntesten Krautrock-Bands der ersten Stunde gehören zweifellos *Guru Guru*, obwohl sie selbst dieses Etikett für sich ablehnten: Getreu ihrer Herkunft aus dem *FreeJazz* der 1960er Jahre, in dem die *Guru*-Gründer *Mani Neumeier* am Schlagzeug und Bassist *Uli Trepte* zuvor aktiv gewesen waren, verorteten sie sich eher im experimentellen musikalischen Underground. Die weiteren Musiker, die *Neumeier* in nunmehr fünf Jahrzehnten Bandgeschichte auf der Bühne und im Studio zur Seite standen, gaben sich sozusagen die Klinke in die Hand und bilden zudem ein Who is Who der deutschen Krautrockszene, sind doch Protagonisten von *Can, Kraan, Atlantis, Embryo* oder *Karthago* darunter. Zudem gab es häufig gemeinsame Session-Konzerte mit befreundeten Bands aus der Szene.

Politisch fühlten sich die *Gurus* der alternativen, linken Szene verbunden, gaben für den *Sozialistischen Deutschen Studentenbund SDS* Konzerte, auf denen sie anarchistische Statements verlasen, und spielten in Gefängnissen. Zeitweise lebten die Musiker gemeinsam in einer südhessischen Kommune, und dass Drogen seinerzeit dabei eine wichtige Rolle spielten, war weder den Behörden noch gar ihrem treuen Publikum ein Geheimnis. Musikalisch waren sie alles andere als festgelegt – ausufernde Improvisationen gehörten ebenso zu ihrem Konzept wie vertrackte Rhythmen, vokale Rezitative oder jazzige Passagen. Dabei waren *Guru Guru* äußerst kreativ – im ersten Jahrzehnt ihres Bestehens erschien ein Dutzend Langspielplatten, daneben etliche Singles und 1978 das Doppelalbum „Guru Guru Live", das auf dem *Brain*-Label, zu dem ich später noch ausführlicher komme, veröffentlicht wurde. Es enthielt Mitschnitte aus Konzerten unter anderem in Hannover, Hamburg, München, Münster und Amsterdam, die *Guru Guru* als Quartett absolvierten. Die Rhythmusgruppe mit dem Nucleus *Mani Neumeier* am Schlagzeug komplettierte jetzt *Peter Kühmstedt* am Bass. *Roland Schaeffer*, der neben der Gitarre auch das Saxofon beherrscht, war Mitte der 70er von der badischen

 Jazzrock-Formation *Brainstorm* zu *Guru Guru* gestoßen, und der in Dortmund geborene Gitarrist *Dieter Bornschlegel* hatte zuvor bei *Atlantis* die Bluesrock-Sängerin *Inga Rumpf* begleitet. Von diesem Album nun das Kultstück der Band schlechthin: „Der Elektrolurch" – lasst euch überraschen…

Guru Guru: Der Elektrolurch

Erfreulicherweise sind die *Gurus* in fast genau dieser Besetzung noch heute aktiv: *Neumeier, Kühmstedt* und *Schaeffer* halten die nach wie vor unangepasste Musikmaschine am Laufen und hatten – da *Dieter Bornschlegel* inzwischen vorrangig als Solist unterwegs ist – 2016 zunächst in dem schwedischen Gitarristen *Jan Lindquist* eine kongeniale Ergänzung gefunden. Inzwischen ist *„Zeus" Bernd Held*, früher bei *Birthcontrol*, zur *Guru*-Besatzung gestoßen. Und nachdem das diesjährige *Guru Guru Festival* auf Burg Neuleiningen, bei dem als Gäste *Atomic Rooster* und *Gong* angekündigt waren, aufs kommende Jahr verschoben werden musste, stehen demnächst unter anderem Konzerte in Bremen, Koblenz, Bonn, Regensburg oder Dortmund im Kalender der Band.

Weiter geht's in der heutigen LiveRillen-Krautrock-Galaxie der 1970er Jahre mit *Hoelderlin*. 1970 in Wuppertal zunächst als Folkrock-Band gegründet, entwickelte sie sich im Verlauf des Jahrzehnts zu einer experimentellen Rockband, die neben Texten ihres Namensgebers auch Lyrik von *Bertolt Brecht, Erich Fried* oder *Hans Carl Artmann* vertonte, dann aber verstärkt auf eigene Texte orientierte. Von den Gründungsmitgliedern hielten Keyboarder *Joachim von Grumbkow* (der auf das „von" gern verzichtete), Gitarrist *Christoph Noppeney,* der nebenher auch die Bratsche strich, und der Schlagzeuger *Michael Bruchmann* der Band ein Jahrzehnt lang die Treue. Der zu Beginn dazugehörige Gitarrist *Christian (von) Grumbkow* hängte sein Instrument Mitte der 1970er Jahre an den Nagel, um sich künftig der stets aufwändigen optischen Gestaltung von *Hoelderlins* Platten zu widmen; er wurde durch den spanischen Gitarristen *Pablo Weeber* beerbt. Den inzwischen vakanten Platz am Bass nahm *Hans Bäär* ein – hinter diesem Pseudonym versteckte sich *Hans Maahn*, der Bruder des bekannten Deutschrockers *Wolf Maahn*. In dieser Besetzung spielte die Band im Oktober 1977 an zwei Abenden im Wuppertaler Opernhaus ihr Konzeptalbum „Traumstadt" live ein, das ein Jahr später auf dem *Spiegelei*-Label von *Intercord* veröffentlicht wurde und als künstlerischer Höhepunkt der Bandgeschichte gelten darf.

„Traumstadt" zeichnet aus wechselnden Stimmungen, Tempi, Rhythmen und Sounds ein urbanes Klangbild, dessen teils gesprochene, teils gesungene Textpassagen mal düster und kryptisch, mal ironisch und heiter daherkommen. Ein Paradebeispiel habe ich ausgewählt – „Häktik Intergaläktik"; den Text hatte der als Musiker da bereits ausgeschiedene *Christian Grumbkow* verfasst; für die Musik zeichnen neben seinem Bruder *Joachim* auch Gitarrist *Pablo Weeber* sowie *Christian Noppeney*, der den Titel auch singt, verantwortlich. Hier sind *Hoelderlin* live.

Hoelderlin: Häktik Intergaläktik

Im Jahr 2005 gab es übrigens eine erfolgreiche Neuauflage der Gruppe im WDR-Rockpalast, wo sie gemeinsam mit *Kin Ping Meh* und *Bröselmaschine* auftrat – das hörenswerte Ergebnis ist seit kurzem auf einer Live-DVD und CD zu bewundern. In unserem Parforceritt durch die deutschen Krautrock-Lande erreichen wir nun das südwestfälische Hagen, das „Tor zum Sauerland": Dort gründete sich ebenfalls um 1970 herum eine Schülerband unter dem merkwürdigen Namen *Grobschnitt*, um sehr bald einen höchst publikumswirksamen Prog-Rock mit humorvollen, teils satirischen Untertönen zu spielen und sich andererseits spacigen Konzeptalben zu widmen – ihr bekanntestes Werk „Solar Fire" konnte im Konzert schon mal auf bis zu 60 Minuten ausufern.

Da liegt es nahe, dass die Band gerade live ein Gesamtkunstwerk für alle Sinne anbot, zu dem neben einem druckvollen Sound extensive Bühnen- und Lichteffekte sowie eine für die 70er Jahre wegweisende Pyrotechnik gehörten. Davon, dass sie sich bei all dem Bombast selbst nicht allzu ernst nahmen, zeugen schon ihre phantasievollen Künstlernamen: So sitzt *Joachim Ehrig* als *Eroc* am Schlagzeug, Gitarrist *Gerd Otto Kühn* firmiert unter *Lupo*; *Willi Wildschwein* alias *Stefan Danielak* ist an der Akustikgitarre und als Sänger zu erleben, Bassist *Popo* heißt eigentlich *Wolfgang Jäger* und Keyboarder *Mist* wurde einst auf *Volker Kahrs* getauft. Vollwertiges Bandmitglied war *Tony Moff Mollo*, der das Bühnenlicht konzipierte und koordinierte und zudem hin und wieder als Derwisch über die Bühne geisterte – im bürgerlichen Leben als *Rainer Loskand* unterwegs.

Ich hatte die Qual der Wahl aus immerhin drei Liveplatten von *Grobschnitt*: „Solar Music – Live" erschien 1978, „Volle Molle" im Jahr 1980 und „Sonnentanz – Live" dann 1985 – allesamt auf dem krautrockfreundlichen *Brain*-Label. Entschieden habe ich mich für die „Volle Molle", die während der 79er Tour

aufgenommen wurde, die als bis dato erfolgreichste Konzerttournee einer deutschen Band über einhunderttausend Besucher erreichte! Daraus jetzt „A.C.Y.M." – da ahnt man schon, wer hier von den groben Schnittern heftig aufs Korn genommen wird …

Grobschnitt: A.C.Y.M.

Von *Grobschnitt*, der einstigen Hagener Schülerband, nun zu einem Hannoveraner Pendant: Auch *Eloy* entstanden als Schulband und hatten im Frühjahr 1970 ihren ersten öffentlichen Auftritt. Im Zentrum der Band von Beginn an der 1945 in der niedersächsischen Landeshauptstadt geborene Gitarrist und Sänger *Frank Bornemann* – später wird der heute 76Jährige ein Tonstudio, ein Label und einen Musikverlag gründen und als Entdecker und Produzent der *Guano Apes* internationale Erfolge feiern. Und hin und wieder – wenn nicht gerade ein Virus dazwischenfunkt – gibt es bis heute Veröffentlichungen und sogar Auftritte von *Eloy*, bei denen als zweites Gründungsmitglied auch Bassist *Klaus-Peter Matziol* noch mit an Bord ist.

Eloy verstanden sich von Beginn an als Progressive- und Artrock-Band und ernteten rasch Anerkennung für ihre spannungsreichen Kompositionen und die ausgefeilten Arrangements, die mitunter musikalischen Gemälden glichen. 1970 gewannen sie bei einem Talentwettbewerb die Produktion einer Single; ein Jahr später erschien die erste LP bei *Philipps*, und 1973 waren sie beim Major-Label *EMI* angekommen. Das machte die Band auch international bekannt, selbst in den USA fanden sich Käufer ihrer kunstvoll gewebten Kompositionen.

Das erfolgreichste Album „Ocean", das als Konzeptalbum den Untergang von Atlantis thematisiert, erschien 1977. Mit diesem Pfund im Gepäck ging es 1978 auf eine ausgedehnte Konzert-Tournee, aus der das beeindruckende Doppel-Album „Eloy – Live" hervorging – die Band war zu dieser Zeit auf ihrem Höhepunkt angekommen. Konzerte in Frankreich, Griechenland und Großbritannien sollten folgen, auch wenn die Besetzung um 1980 herum mehrfach wechselte und die weiten Spannungsbögen der Eloy-Titel natürlich keine Hitparaden-Relevanz besaßen.

Hier sind *Eloy* mit „The Dance In Doubt And Fear" – der *Tanz in Zweifel und Angst*, dessen bedrohliche Untergangs-Stimmung insbesondere durch das exzellente Schlagzeugspiel von *Jürgen Rosenthal* sowie die Synthesizer, die *Detlev Schmidtchen* bedient, erzeugt wird. Beide haben übrigens auch nach ihrer Zeit bei *Eloy* noch mehrfach musikalisch zusammengearbeitet.

Eloy: The Dance In Doubt And Fear

1970 fanden sich ebenfalls in Hannover vier Musiker zusammen, um unter dem Namen *Jane* eine kraftvolle Mischung aus Blues, Jazz und Rock zu zelebrieren. Trotz mehrfacher Personalwechsel und auch stilistischer Experimente zählte die Band Mitte der 1970er Jahre zu den wichtigsten und populärsten Vertretern des Krautrock. Personelle Konstanten waren der Gitarrist und Sänger *Klaus Hess* sowie *Peter Panka* am Schlagzeug, zu denen sich 1975 der Bassist *Martin Hesse* gesellte, der zuvor bei einer regionalen Band namens *Dull Knife* zugange gewesen war. Ein weiteres Jahr später stieß dann *Manfred Wieczorke,* der auch mal bei den eben gehörten *Eloy* in die Tasten gegriffen hatte, als Keyboarder zu *Jane*. Dass die Jungs nicht abergläubisch waren, bezeugt die Tatsache, dass 1976 ihr großartiges Live-Doppelalbum „At Home" – es enthält ein komplett in ihrer Heimatstadt Hannover mitgeschnittenes Konzert – an einem Freitag, dem 13., aufgenommen wurde (neben dem allgemein schon tückischen Datum auch noch im August, also genau am 15. Jahrestag des Mauerbaus in Berlin – das nur am Rande). Das Live-Album enthält mehrere Titel, die weder davor noch später auf ihren Studioplatten erschienen sind: so das 20minütige „Windows", außerdem „Expectation", „Another Way" und „Hightime for Crusaders". Eröffnet wird das Doppelalbum vom achtminütigen „All My Friends", in dessen bluesrockorientierten Grundsound die Musiker als klassisches Zitat eine Passage aus *Maurice Ravels* „Bolero" eingewebt haben – mal drauf achten. Hier sind *Jane* live.

Jane: All My Friends

Nun zu *Birthcontrol*, die sich bereits 1966 in Westberlin aus diversen Vorgänger-Bands rekrutiert hatten und bei denen zunächst der spätere RTL-Fernsehmoderator *Hugo Egon Balder* das Schlagzeug bediente. Der wurde allerdings schon 1968 durch *Bernd „Nossi" Nosske* ersetzt, der zudem auch als Solosänger hervortrat und bis zu seinem Tod im Jahr 2014 unumstrittener Präsentator von *Birthcontrol* blieb. Nachdem die Band sich in den ersten Jahren quer durchs popmusikalische Gemüsebeet gecovert hatte, profilierte sie sich ab 1970 zunehmend mit eigenen Kompositionen, die Rock-, Blues- und Jazzelemente verschmolzen. 1970 standen sie neben *Jimi Hendrix, Procol Harum* oder *Ten Years After* als einzige deutsche Band beim *Super Concert* auf der Bühne der Berliner *Deutschlandhalle;* wenig später durften sie als erste deutsche Band im Londoner *Marquee Club* auftreten. So wurde das folgende Jahrzehnt zum erfolgreichsten der Berliner Band, die seinerzeit neben *Nosske* aus dem Gitarristen und Sänger *Bruno Frenzel,* dem ebenfalls singenden Bassisten *Peter Föller* sowie *Bernd Held,* genannt *Zeus,* an den Tasteninstrumenten bestand.

In dieser Besetzung wurde 1974 das Doppelalbum „Live" aufgenommen bei drei Konzerten, die in Attendorn, Freiburg und Dorsten stattfanden. Erstmals zum Einsatz kam dabei das mobile Tonstudio des seinerzeit wohl bedeutendsten deutschen Rockmusikproduzenten *Dieter Dierks;* der Covertext des Albums berichtet von 20 Mikrofonen und einem 30kanaligen Mischpult in diesem „Recordomobile", dem damals einzigen in Europa außerhalb Großbritanniens. Und der Aufwand kann sich noch heute hören lassen!

Ich habe ein Stück ausgewählt, das – als Konzertzugabe gespielt – etwas herausfällt aus den ansonsten oft ausufernden, mindestens viertelstündigen Kompositionen wie „Gamma Ray" – einem der absoluten Kultsongs der Krautrock-Ära – oder „Back From Hell" mit ihren ausgedehnten Instrumentalpassagen: „She's Got Nothing On You" kommt dagegen recht kompakt und rhythmisch am Blues orientiert daher und bietet Keyboarder *Zeus* zunächst Gelegenheit für einen Orgelchorus a la *John Lord,* bevor er dann noch das

Wurlitzer-E-Piano im Zusammenspiel mit *Bruno Frenzels* Gitarre einsetzen darf. Hier sind *Birthcontrol* mit einem ihrer seltenen Ausflüge in Bluesrock-Gefilde live 1974 im sauerländischen Attendorn.

Birthcontrol: She's Got Nothing On You

Noch deutlicher als andere Krautrock-Bands auf der rockigen bis funkigen Schiene unterwegs waren in den 1970er Jahren die Jungs von *Karthago*. 1971 gegründet, hatten die Mitglieder zuvor bereits Erfahrungen in diversen regionalen Bands gesammelt. Zeitweise gehörte sogar ex-*Jethro-Tull*-Bassist *Glenn Cornick* zum Line-Up der Band. Bis zur Auflösung im Jahr 1978 entstanden vier Studio-LPs; gelobt und geliebt wurde *Karthago* aber vor allem für die Qualität der Liveauftritte, die trotz mehrerer Personalwechsel stets gehalten werden konnte. Wie das Hannoveraner Rockportal *MiG-Music* (www.mig-music.de; *MiG* steht dabei für *Music in Germany*) festhält, habe *Karthago* bei den Publikumswertungen der Musikzeitschriften *Musik Express* und *Sounds* in der ersten Hälfte der 70er sowohl als Band als auch in den Solistenpositionen durchgehend die Plätze 1 bis 3 belegt – verdientermaßen, wie wir gleich hören werden. Übrigens findet man auf *MiG-Music* den gesamten *Rockpalast*-Katalog an erschienenen Tonträgern – eine beeindruckende Phalanx der populären Musik eines halben Jahrhunderts!

Nicht im *Rockpalast*, sondern im *Roxy* wurde 1976 ein Doppel-Album von *Karthago* mitgeschnitten; die besten Tracks, zusammengedampft auf eine LP, erschienen im selben Jahr bei *Bacillus Records* (einem Ableger von *Bellaphon*) unter dem schlichten Titel „Live". Auf der Bühne standen bei diesem Konzert *Gerald Hartwig* am Bass, *Ringo Funk* am Schlagzeug sowie die Gitarristen *Reinhard Bobb* und *Joey Albrecht*, dazu die Gründungsmitglieder *Ingo Bischoff* an den Keyboards und der Perkussionist *Tommy Goldschmidt*.

Ich habe „We Gonna Keep It Together" ausgewählt, eine Komposition des von amerikanischer Funk-Stilistik geprägten Gitarristen und Leadsängers *Joey Albrecht* auf einen Text von *Tom Cunningham*, einem in Westberlin lebenden US-amerikanischen Musikproduzenten und Songwriter, der unter anderem mit *Hannes Wader, Peter Maffay* oder *Heinz Rudolf Kunze* gearbeitet hat und in den 1980er Jahren sogar DDR-Rocker für den Westmarkt produzierte: zunächst die erfolgreiche LP "Casablanca" von *City*, später auch *Karat* und *Keimzeit* – seinerzeit eine echte Pionierleistung!

Zurück zu *Karthago*: Hier sind sie 1976 live im Konzert mit „We Gonna Keep It Together".

Karthago: We Gonna Keep It Together

Die Band reformierte sich um 2003 und war Ende Dezember 2004 Gast im *WDR-Rockpalast* zu einer besonderen Krautrock-Nacht. Seit Juni dieses Jahres ist ihr Konzert als CD+DVD-Box erhältlich und passt damit leider nicht in die *vinylbasierte* LiveRille – so viel Konsequenz muss ein.

Eines der neben *Bacillus* oder *Spiegelei-Records* bekanntesten Krautrock-Label – heute auch schon mehrfach genannt – gründete sich 1972 in Hamburg unter dem Namen *Brain.* Aus der Taufe gehoben wurde der Ableger der Firma *Metronome* von *Bruno Wendel* und *Günther Körber,* die zuvor bei der deutschen Plattenfirma *OHR* Erfahrungen gesammelt und dort unter anderem bereits *Guru Guru* betreut hatten. Beim Stichwort *OHR* muss der sich gern als Krautrock-Pabst gerierende *Rolf Ulrich Kaiser* erwähnt werden – eine schillernde, versponnene Figur als Produzent und Labelchef, der zeitweise mit einem buntbemalten Eisenbahnwaggon auf Promotion-Tour durch Deutschland ging. Gegen Ende der 1970er Jahre tauchte er allerdings mit seiner Freundin, dem *Sternenmädchen,* auf der Flucht vor zahlreichen Gläubigern unter und soll letztendlich in einer geschlossenen psychiatrischen Anstalt gelandet sein – das berichtet zumindest die sehenswerte sechsteilige WDR-Dokumentation „Kraut und Rüben – Über die Anfänge deutscher Rockmusik" aus dem Jahr 2006.

Auf *Brain* erschienen in der Folge Platten von *Birth Control, Amon Düül, Grobschnitt* oder *Tangerine Dream,* aber auch Hardrock von den *Scorpions* und internationale Produktionen, so von *Accept, Alexis Korner* oder *Atomic Rooster.* Vor vier Jahren ist dann bei Universal eine umfangreiche Krautrock-Retrospektive erschienen: „The Brain Box 1972-1979" enthält acht CDs, dazu ein 76-seitiges Buch mit Infos, Fotos und Plattencovern sowie als Gimmick eine *Brain*-Tragetasche – die Fans wird's freuen. Zudem war das Label in den 70ern auch als Konzert-Veranstalter aktiv: 1977 und 1978 stiegen die beiden legendären *Brain-Festivals* in der *Gruga-Halle* zu Essen, die im Nachhinein vom Label durch Doppel-Alben dokumentiert wurden.

Ebenfalls auf dem *Brain*-Label vertreten war die zu Beginn der 70er Jahre gegründete Hamburger Band *Novalis,* die der ex-*Rattle Achim Reichel* als Produzent unter seine Fittiche nahm. Er überzeugte die Musiker auch, nach ihrer ersten, noch englischsprachigen LP auf deutsche Texte umzusatteln; selbst beim Namensgeber *Novalis,* dem auf dem mansfeldischen Rittergut Oberwiederstedt als *Friedrich von Hardenberg* geborenen Dichter der Frühromantik, bediente man sich und suchte sich die dazu geeigneten Mittel für die musikalische Umsetzung. Der *Rolling Stone* beurteilte diese Mischung aus romantisierender Lyrik und barocken Klängen jüngst so: *Für die einen Kitsch, für andere Kult.*

Zehn Jahre lang fand dieser ästhetische Spagat aber durchaus sein Publikum, bevor sich das Konzept zu Beginn der 1980er Jahre als überlebt erwies und *Novalis* sich folgerichtig auflöste.

Im Frühjahr 1977 wurden mehrere Auftritte von *Novalis* – darunter auch beim ersten Essener *Brain-Festival* – mitgeschnitten und im selben Jahr vom *Brain*-Label als Live-LP „Konzerte" veröffentlicht. Daraus habe ich das prototypische Werk „Wer Schmetterlinge lachen hört" ausgewählt, das in neun Minuten ebenso die Vorzüge wie den seichten Tiefgang der *Novalis*-Musik vorführt. Neben dem *Novalis*-Keyboarder *Lutz Rahn* war der Gitarrist *Carlo Karges* an der Komposition beteiligt, der zum Aufnahmezeitpunkt die Band allerdings bereits verlassen hatte – er war später einer der kreativen Motoren der frühen *Nena*-NDW-Karriere, für die er unter anderem den Text für die „99 Luftballons" schrieb – *Karges* ist schon 2002 nur 50 jährig an Leberversagen verstorben. Zum Zeitpunkt dieser Aufnahme spielten bei *Novalis* noch die Gründungsmitglieder *Heino Schünzel* am Bass und *Hartwig Biereichel* am Schlagzeug; an der Gitarre hören wir *Detlef Job* und den Solo-Gesangspart hatte seit 1976 der Österreicher *Fred Mühlböck* übernommen. Hier sind *Novalis* mit ihrem poetischen Ausflug in die Gefühlswelt der Schmetterlinge…

Novalis: Wer Schmetterlinge lachen hört

Damit kommt auch das Ende dieser *LiveRillen*-Ausgabe zur bundesdeutschen Krautrock-Szene in Sicht, und den krönenden Abschluss macht eine Band, die der *Melodie Maker* einst als *„talentierteste und beständigste Experimental-Rockgruppe in Europa"* lobte, die *„jedem britischen Ensemble weit voraus"* sei – so kann man es im Rocklexikon von *Barry Graves* und *Siegfried Schmidt-Joos* nachlesen. Und tatsächlich nehmen sich die Lebensläufe jener vier, die 1968 in Köln das Unternehmen *Can* gründeten, beeindruckend aus: Keyboarder *Irmin Schmidt* und Bassist *Holger Czukay* hatten bei *Karlheinz Stockhausen* studiert und waren durch die elektronische Avantgarde geprägt; Schlagzeuger *Jaki Liebezeit* hatte sich seine ersten Sporen im Freejazz verdient, wo er unter anderem mit *Chet Baker* und *Manfred Schoof* gearbeitet hatte, und Gitarrist *Michael Karoli* war während seines Jurastudiums in der Schweiz in der dortigen Jazzszene aktiv gewesen. Zu diesem Kern-Quartett gesellten sich zeitweise weitere Musiker, doch das war nie von langer Dauer, wie auch die Band selbst letztlich an ihrer eigenen Kompromisslosigkeit zerbrach: Musik jenseits aller E- und U-Schubladen zu produzieren, ohne sich dem Markt anzubiedern. Eine deutliche Abgrenzung auch von dem grassierenden Dilettantismus, was *Holger Czukay* im Interview für die bereits genannte WDR-Doku „Kraut und Rüben" so auf den Punkt bringt: *„Die ganze Popmusikszene ist ein Markt hauptsächlich für Arbeitslose".* [7]

Bei dem künstlerischen Anspruch der *Can*-Musiker war es auch nicht verwunderlich, dass ein Hauptbetätigungsfeld auf dem Gebiet der Filmmusik lag: Zahlreiche Kino- und Fernsehfilme der frühen 1970er Jahre tragen ihre künstlerische Handschrift – geradezu legendär wurde die Erkennungsmelodie „Spoon" zur Krimiserie „Das Messer" nach *Francis Durbridge;* die Single verkaufte sich mehr als 200.000-mal und stieg in den deutschen Charts bis auf Platz 8.

Im „Can-Buch", das die intimen Kenner der Band, *Pascal Bussy* und *Andy Hall,* 1992 im *Sonnentanz*-Verlag veröffentlicht haben, liest sich die Musikformel so: *„In den zehn Jahren von 1968 bis 1978 haben Can die Grenzen der Musik erweitert und mit ihren Dogmen gespielt, Klänge erfunden und entdeckt, die so neu wie einzigartig waren, und dies alles in einem Geist, der sie in die vorderste Reihe der wahren Avantgarde stellte".* [8]

1977 stieg *Holger Czukay* aus, nachdem er sich zuletzt in Soundexperimente verstiegen hatte, und ein Jahr später trennten sich auch die verbliebenen *Can*-Mitglieder – alle waren aber weiterhin künstlerisch aktiv, solange es ging: *Karoli* verlor 2001 seinen Kampf gegen den Krebs; *Liebezeit* und *Czukay* starben 2017.

Um den Nachlass jenes bedeutenden *Can*-Jahrzehnts kümmert sich als einziger Überlebender der heute 84jährige Komponist, Keyboarder und Wahlfranzose *Irmin Schmidt,* der eine ganze Reihe von Konzertmitschnitten aus seinem Archiv für eine umfangreiche Live-Serie vorbereitet. Als erstes Produkt ist soeben das Dreifach-Album „Live In Stuttgart" erschienen – 120 Konzertminuten konserviert in orangefarbenem Vinyl.

Im Interview mit der Zeitschrift *GoodTimes* erinnert sich *Schmidt,* dass sein musikalischer Lehrer *Karlheinz Stockhausen* die Art und Weise, in der *Can* auf der Bühne interagierten, in Abgrenzung zum Jammen der Bluesrocker und zur Improvisation im Jazz „Intuitive Komposition" genannt habe. *„An guten Abenden haben wir uns neu erfunden",* so *Schmidt* – und *MINT,* die Zeitschrift für Vinylkultur, lobt an „Live In Stuttgart" den *„klaren und differenzierten Klang mit eindeutig zu verortenden Quellen, der aber immer roh und rau bleibt und so das ‚Live-Gefühl' perfekt wiederspiegelt".*

---

[7] Stefan Morawietz: Kraut und Rüben – Über die Anfänge deutscher Rockmusik, 6-teilige TV-Serie, WDR 2006.

[8] Zitiert nach: Michael Fuchs-Gamböck: CAN – die Kunst der Repitition. In: GoodTimes, 4/2021, S. 68.

Der Beleg dafür folgt sogleich: „Stuttgart Zwei" heißt das Stück (und keineswegs Stuttgart 21) …

Die 43. Ausgabe der *LiveRillen* gibt's im Oktober, dann mal wieder mit einer umfangreichen Geburtstagsparty, denn mit *Sting, Bob Geldof* und *John Mellencamp* werden gleich drei musikalische Schwergewichte zu Beginn des Monats runde 70 Jahre alt! Daraus lässt sich doch eine Menge machen, denke ich…

Can: Stuttgart Zwei

Quellen:

- Amon Düül II: Live In London, LP, EMI, 2015
- Birth Control: Live, Do.-LP, CBS, 1974
- Can: Live In Stuttgart 1975, Do.-LP, Spoon Records, 2021
- Eloy: Live, Do.-LP, Harvest/EMI Electrola, 1978
- Grobschnitt: Volle Molle, LP, Metronome, 1980
- Guru Guru: Live, Do.-LP, Brain/Metronome, 1978
- Hoelderlin: Live Traumstadt, Do.-LP, Intercord, 1978
- Jane: At Home Live, Do.-LP, Brain/Metronome, 1976
- Karthago: Live, LP, Bellaphon, 1976
- Kraan: Live, Do.-LP, Spiegelei/Intercord, 1975
- Novalis: Konzerte, LP, Brain, 1977
- The Brain Box 1972-1979
- Günter Ehnert, Detlef Kinsler: Rock in Deutschland, Taurus Press, 1998
- https://www.green-brain-krautrock.de
- https://www.rollingstone.de/whos-who-krautrock-bands-musiker-alben-305327/
- GoodTimes, 4/2021 (Themenschwerpunkt Krautrock)
- MINT – Magazin für Vinyl-Kultur, 11/21: Kraut – Das Special
- Stefan Morawietz: Kraut und Rüben – Über die Anfänge deutscher Rockmusik, 6-teilige TV-Serie, WDR 2006

No. 43: Gratulation für Bob Geldof, Sting und John Mellencamp

(Oktober 2021)

Drei 70jährige Geburtsjubiläen liefern das Grundgerüst der heutigen LiveRillen-Ausgabe, wobei Unterschiedlichkeit und Qualität der Jubilare einen abwechslungs- und spannungsreichen Verlauf versprechen. Zudem wird der Begriff „Benefiz" – also Wohltätigkeit – als roter Faden eine zentrale und verbindende Rolle spielen; dazu später mehr.

Ich beginne – zugegeben etwas despektierlich – mit dem sozusagen Ranghöchsten des Triumvirats – immerhin wurde er 1986 durch die britische Königin zum *Knight Commander* des *Order of the British Empire* erhoben: *Bob Geldof*, Chef und Sänger der *Boomtown Rats* und mehrfach im Gespräch für den Friedensnobelpreis. Beinahe hätte ich ehrfurchtsvoll „Sir Bob" gesagt, doch nein – diese Bezeichnung ist ja ausschließlich Personen vorbehalten, die als Bürger des Britischen Commonwealth geboren sind – und *Bob Geldof* ist waschechter Ire! Also trotz Ritterschlag nichts mit dem Adelstitel; da ist *Paul McCartney* besser dran. Zurück zu *Geldof*. Der wurde am 5. Oktober 1951 als *Robert Frederick Zenon Geldof* in der Nähe von Dublin geboren; als er acht war, starb die Mutter, und der kleine Bob wurde in ein katholisches Internat verfrachtet – nicht gerade die beste Voraussetzung für eine Karriere als Rockmusiker, sollte man meinen. Und so musste der schmale Knabe auch erst einige Hürden als Fleischpacker, Baggerfahrer und Fotograf überwinden, ehe er 1975 gemeinsam mit Jugendfreunden die *Boomtown Rats* gründete, die sich nach einer kleinkriminellen Gang benannten, die der US-amerikanische Folksänger *Woody Guthrie* in seiner Autobiografie „Bound For Glory" beschreibt.

Die Bandgründung fiel genau in jene Zeit, da sich New Wave und Punk aufmachten, gegen den inzwischen weitgehend saturierten und im Mainstream versandenden Pop-Rock zu revoltieren: ungeschliffene, rüde Gitarrenriffs, hastiges und mitunter holpriges Getrommel, ein hämmernder Stakkato-Bass, dazu Gesangspassagen, die sich keinem Wohlklang verpflichtet fühlten, und Texte im Straßenjargon mit teils satirischer Schärfe. Damit spielten sich die *Rats* zunächst durch die Clubs in Irland, England und Europa, wobei sich ihr origineller Wave-Stil durch Anleihen bei Reggae oder Rhythm&Blues festigte.

Als Beweis hier zwei Songs der *Boomtown Rats* von ihrem Album „Live Germany '78", aufgenommen bei Clubkonzerten unter anderem in Bremen und erst 2015 auf „Let Them Eat Vinyl" veröffentlicht: „Neon Heart" und „She's So Modern" –

am Mikrofon mit nacktem, verschwitztem
Oberkörper ein spacker und ein bisschen
arroganter Jungspunt: *Bob Geldof!*

Boomtown Rats: Neon Heart / She's So Modern

Typisch der satirische Blick auf die Gesellschaft,
speziell die konsumorientierte Jugendkultur dieser
Zeit. In „She's So Modern", das als Single aus dem gerade erschienenen zweiten
Album der Rats ausgekoppelt worden war, heißt es über die hippen, up-to-daten
Mädchen namens Suzie, Jean und Charly:

*„(Sie ist so echtes) 20. Jahrhundert / (Sie ist so sehr) 1970er Jahre / (Sie weiß) die richtigen
Dinge zu sagen / (Sie hat) die richtigen Klamotten zum Anziehen / Denn sie ist ein so
modernes Mädchen (oh, yeah)"!*

Vielleicht wäre es bei derart süffisanten Attitüden geblieben, gemischt mit
gelegentlich tiefergehenden Gesellschaftsreflexionen wie in der gewollt lapidaren
Schilderung des Amoklaufs einer 17Jährigen, die an einem Montag in San Diego
elf ihr unbekannte Menschen einfach deshalb umbrachte, weil sie diesen
Wochentag nicht leiden könne: „I Don't Like Mondays" wurde der bekannteste
Song der *Boomtown Rats*. Doch auch der hätte *Geldof* sicher nicht den Ritterschlag
eingebracht, auch wenn er das Interesse *Geldofs* für soziale Probleme und
Schieflagen in der Gesellschaft ebenso offenbarte wie der gleich folgende Song
über ein Leben im gesellschaftlichen Abseits: „Joey's On The Street Again" – dazu
ein paar Reggae-Versatzstücke und ein ganz ordentliches Gitarrensolo, ein Dialog
zwischen Bass und E-Piano und eine vokale Attitüde, die ein wenig an den jungen
Mick Jagger erinnert.

Vielleicht also wäre es dabei geblieben, und auch das wäre ja nicht wenig gewesen.
Doch eine TV-Dokumentation der *BBC* über die extreme Hungersnot in
Äthiopien fachte im Jahr 1984 das ohnehin sensible soziale Gewissen des
nunmehr 33Jährigen zusätzlich an, und im Herbst desselben Jahres hatte er unter
Nutzung seiner zahlreichen persönlichen Szenekontakte ein „Band Aid"-Projekt –
ein heilendes Pflaster also – aus dem Boden gestampft, dessen Single „Do They
Know It's Christmas?" rund acht Millionen Pfund Sterling in einen von *Geldof*
gegründeten Nothilfefond für Afrika einspielte – eine Initialzündung für ähnliche
caritative Projekte und Aktivitäten weltweit.

 Dazu gleich mehr – hier zunächst wie schon angekündigt noch einmal die *Boomtown Rats* mit *Bob Geldof* live in Deutschland im Jahr 1978 – ihr Song „Joey's On The Street Again".

Boomtown Rats: Joey's On The Street Again

Im Text heißt es über Joey, der versucht, aus seinem Leben im Bodensatz der Gesellschaft auszubrechen: *„Ich werde irgendwo hingehen, wo es nicht stinkt / Abseits der Gassen, irgendwo kann ich denken / ich wasche mir den Dreck von meinen Händen, sehe zu, wie er im Waschbecken runterspült / Es ist eine Belastung für das Gehirn, am Rande zu leben // Glauben Sie bloß nicht, was die da im Fernsehen sagen: Es gibt keine Romantik für Joey in dieser Stadt".* 1977 war der Song als Schlusstitel ihrer ersten LP erschienen.

Nun müssen wir aber dringend einen genaueren Blick auf das umfangreiche soziale Engagement von *Bob Geldof* werfen, dem er wohl seinen eigentlichen Ruhm verdankt. Über die bereits erwähnte TV-Dokumentation der Hungersnot in Äthiopien ist in seiner schon 1986 erschienenen Autobiografie „Is That It?" folgendes lesen: *„In der Nacht danach konnte ich nicht schlafen. [...] Die Bilder spielten sich wieder und wieder in meinem Kopf ab. Was konnte ich tun?"*

Nun – er rief umgehend seinen kollegialen Freund *Midge Ure*, Sänger bei *Ultravox*, an, mit dem er gemeinsam das *Band-Aid*-Project ins Leben rief, und der Erfolg der Single „Do They Know It's Christmas?" ermutigte *Geldof* und *Ure*, das bis dato weltgrößte Benefizkonzert zu organisieren, das dann am 13. Juli 1985 unter dem Motto „Live Aid" zeitgleich in London und Philadelphia stattfand – 16 Stunden Rockmusik mit so ziemlich allem, was Rang und Namen hatte in der damaligen Szene. Aus der illustren Schar kann ich nur einige nennen: *Mick Jagger* als Solist, *Paul McCartney, George Harrison* und *Ringo Starr* – allerdings nicht gemeinsam; *Keith Richards* und *Ron Wood* begleiteten *Bob Dylan, Led Zeppelin* hatten sich nach dem Tod ihres Drummers *John Bonham* eigens neu aufgestellt und traten mit *Phil Collins* am Schlagzeug auf, die *Dire Straits* waren dabei, ebenso die *Beach Boys* und *The Who, Eric Clapton, Santana, Tina Turner, David Bowie, Madonna, Queen, Status Quo, U2* oder *Neil Young* und und und...

Damit auch alle zum Zuge kommen konnten, durfte jeder Act nur für knapp 20 Minuten auf die Bühne – jeweils im Wechsel zwischen dem Londoner *Wembley* und dem *John F. Kennedy Stadium* in Philadelphia, denn das Großereignis wurde weltweit zeitgleich im Fernsehen übertragen – eine logistische und technische Meisterleistung für die damalige Zeit! Und noch ein technisches Detail am Rande:

Phil Collins war der einzige der Künstler, der es schaffte, während dieses Konzertmarathons sowohl in London als auch in Philadelphia auf der Bühne zu stehen – ein Überschallflug mit der „Concorde" machte es möglich…

2004 ist eine aus 4 DVDs bestehende Dokumentation erschienen; leider gibt es von diesem Großereignis der Pop- und Sozialgeschichte des 20. Jahrhunderts jedoch keine umfassende Vinyl-Ausgabe, was wohl vor allem rechtliche Gründe hat. Genauer gesagt, es gibt sie schon – allerdings nur in Form einer aus 12 LPs bestehenden Box, deren Platten ohne Label in Indonesien gepresst wurden – eine illegale Publikation also, die auf dem virtuellen Großhandelsplatz *Discogs* demzufolge für den Verkauf gesperrt wurde. Hin und wieder taucht die Box dennoch auf Online-Marktplätzen auf; immerhin werden dafür inzwischen horrende Preise gezahlt, die leider – so muss man sagen – keineswegs dem eigentlichen Zweck des Konzertereignisses, die Not in Afrika zu lindern, zugutekommen. Nicht unerwähnt soll bleiben, dass auch dieser eigentliche Zweck im Nachhinein in die Kritik geraten ist, da offenbar ein Großteil der Live-Aid-Spendengelder der Ausrüstung des Militärs in Äthiopien zugutekam…

Insofern kann ich leider nicht mit einem Mitschnitt des *Live-Aid*-Konzertes dienen, mit dem die *Boomtown Rats* ihre gemeinsame Bandgeschichte beendeten – unter anderem gehörte „I Don't Like Mondays" zu ihrem damals gespielten Set. Allerdings führte sie ein Jahr später, am 17. Mai 1986, ein Konzert in Dublin, bei dem irische Musiker und Bands wie *Van Morrison, Thin Lizzy, Clannad, Chris Rea, U2* oder *Chris de Burgh* unter dem Motto „Self Aid" gegen die zu diesem Zeitpunkt extreme Arbeitslosigkeit in der Republik Irland auf der Bühne standen, doch noch einmal zusammen – die Einnahmen des 14stündigen, ebenfalls vom Fernsehen übertragenen Großereignisses flossen in einen Sozialfond der irischen Arbeitslosenhilfe. Und auch dafür war *Bob Geldof* der Initiator.

Zudem entstand daraus die Konzert-LP „Live For Ireland", die den alten *Boomtown-Rats*-Titel „Locking After Nr. 1" enthält, der einstmals als erster New-Wave-Titel überhaupt die britischen Charts gestürmt hatte. Hier ist er – verbunden mit der Gratulation zum 70. Geburtstag von *Bob Geldof*.

Boomtown Rats: Looking After Nr. 1

Dass *Bob Geldof* hin und wieder unfreiwillig auch in der Boulevard-Presse Schlagzeilen machte, so 1996 durch seine Scheidung von der britischen TV-

Moderatorin *Paula Yates*, die im Jahr 2000 an einer Überdosis Heroin starb, oder durch die gemeinsame Tochter *Peaches*, einem Foto-Model, das 2014 mit nur 25 Jahren ebenfalls den Drogen zum Opfer fiel, sei nur kurz erwähnt – das wollen wir hier anlässlich seines 70. Geburtstages nicht vertiefen.

Bereits am 2. Oktober steht dieser 70. Geburtstag *Gordon Matthew Thomas Sumner* ins Haus, den man besser unter seinem Künstlernamen *Sting* kennt. Und die Überleitung von *Bob Geldof* zu ihm fiele auch ohne die gemeinsame 70 nicht schwer: Natürlich war auch *Sting* prominent beim *Live-Aid*-Festival dabei, wenn auch nicht mit seiner langjährigen, aber zu diesem Zeitpunkt inaktiven Band *Police*, sondern in einem gemeinsamen Set mit *Phil Collins* im Londoner *Wembley*-Stadion.

Geboren wurde *Sumner* in Wallsend, einer Kleinstadt im Nordosten Englands, wo auch er eine katholische Schule besuchte. Danach absolvierte er eine Lehrerausbildung und unterrichtete dann zwei Jahre lang Musik und Englisch an einer Grundschule in Cramlington. Daneben spielte er bereits zu Beginn der 1970er Jahre in diversen lokalen Jazzbands und bekam hier auch seinen einprägsamen Spitznamen verpasst – angeblich hatte ein schwarzgelb gestreifter Pullover dazu geführt, dass ein Freund ihn als Wespenstachel titulierte: *Sting*. Und das blieb hängen an dem smarten, schlanken Jüngling.

1977 dann erfolgte die Initialzündung durch den *Gong*-Bassisten *Mike Howlett*, der gemeinsam mit *Sting*, dem Schlagzeuger *Stewart Copeland* und *Andy Summers* an der Gitarre die kurzlebige Band *Strontium 90* ins Leben rief, aus der nach wenigen Monaten und dem Ausstieg von *Howlett* das Rest-Trio *Police* wurde.

In den folgenden fünf Jahren bis zum letzten gemeinsamen Album „Synchronicity", das 1983 erschien, spielten sich *The Police* vor allem dank ihres charismatischen Frontmanns *Sting* an die Spitze der britischen New-Wave-Szene. Alle fünf regulären Studioscheiben von *Police* wurden mit Gold und Platin überhäuft, obendrein gab es sechs Grammys für die Band, die wie kaum eine andere Elemente des britischen Punk, des New Wave, des Reggae und des Rhythm&Blues auf höchst originelle und ins Ohr gehende Weise miteinander verschmolz.

Dafür hier zwei Beispiele aus einem Livekonzert, das 1981 in Paris mitgeschnitten wurde – das in Luxemburg ansässige Bootleg-Label *Swingin' Pig Records* hat die Aufnahmen, die übrigens im berühmten Mastering-Studio *Pauler-Acoustics* in Northeim nachbearbeitet wurden, unter dem Titel „Bring On The Night" auf zwei blauen Vinyl-Scheiben veröffentlicht – nicht ganz legal, aber durchaus hörenswert. Der ostdeutsche Musikkritiker *Lutz Stolberg* beurteilt diese frühe *Police*-Phase in seinem Buch „Die 80er" so: *„Ihre Ohrwurmqualitäten erreichten die Musiker vor allem durch Schlichtheit und Minimalismus. Mit wenig instrumentalem Aufwand zeichneten sie* *musikalische Bilder von bestechender Qualität.*"[9] Und als *„ausdrucksvolles Beispiel dafür"* nennt er „Walking On The Moon", in dem *Sting* ironisch meint, hoffentlich breche er sich nicht die Beine beim Spaziergang auf dem Mond – hier sind *Police* live mit „Message In The Bottle" und eben diesem „Walking On The Moon"!

Police: Message In The Bottle / Walking On The Moon

Der *Spaziergang auf dem Mond* und davor die *Flaschenpost* von *Sting* und seiner Band *Police* – beide Songs vom zweiten Album „Regatta de Blanc" erreichten 1979 kurz nacheinander die Spitzenposition der britischen Charts. Und es folgten in schöner Regelmäßigkeit weitere Titel, die – so urteilen *Barry Graves* und *Siegfried Schmidt-Joos* in ihrem Rocklexikon – *„reich an spannenden Improvisationspassagen, phantasievoller Klangfarbenmalerei, mitreißenden Steigerungen und Effekten"* daherkamen und *„immer wieder in glänzender Gemeinschaftsform"* dargeboten wurden, wobei nach Kritikerurteil die Liveversionen mitunter sogar noch die Studioaufnahmen übertrafen.

Den rührigen Bootlegern von *Swingin' Pig Records* war das eine weitere LP-Edition wert, die ein Konzert im kanadischen Montreal vom August 1983 enthält, gepresst in olivgrün meliertes Vinyl. Daraus jetzt zwei weitere *Police*-Songs aus der Feder von *Sting*: „Tea In The Sahara" und „Spirits In The Material World".

Gerade bei letzterem Text zeigt sich die an Schärfe zunehmende Gesellschaftskritik des gerade mal 30jährigen *Sting*, wenn er singt: *„Unsere sogenannten Führer versuchen dich mit ihren Worten einzusperren / Sie unterwerfen die Sanftmütigen / Aber es ist die Rhetorik des Scheiterns. / Wo liegt die Antwort? / Leben von Tag zu Tag / Wenn es etwas gibt, was wir nicht kaufen können, dann dies: / Es muss einen anderen Weg geben. / Wir sind Geister in der materiellen Welt"* – feinsinnige Kapitalismuskritik von Sting und Police.

Police: Tea In The Sahara / Spirits In The Material World

---

[9]   Lutz Stolberg: Das Oldie-Buch – Die 80er. Projekte-Verlag Cornelius GmbH, Halle 2011, S. 123.

Das soziale und politische Engagement von *Sting* ist fortan untrennbar mit seiner künstlerischen Arbeit verbunden. Wo weltweit zum Benefiz für eine gute Sache getrommelt wurde, war *Sting* nicht weit – er setzte mit „They Dance Alone" 1987 ein Zeichen gegen die Militärdiktatur in Argentinien, unterstützte *Amnesty International* oder forderte den Erhalt der Regenwälder. Dies alles stets verbunden mit künstlerischer Qualität und persönlicher Integrität, mit der er seither auch in Würde gealtert ist, wenn ich das mal so sagen darf, und was ihn durchaus von einigen seiner Generationsgefährten unterscheidet.

Aber bleiben wir noch einen Moment bei *Police*, deren größten kommerziellen Erfolg sie mit ihrem letzten Studio-Album „Synchronicity" erreichten, insbesondere durch die Single „Every Breath You Take". Dafür gabs 1983 den Grammy als bester Popsong des Jahres; zudem war es die erste und einzige *Number One* für *Police* in den US-Charts, und das gleich mal acht Wochen lang, dort zudem mit einer Goldenen Schallplatte geadelt, während es daheim in England sogar Platin gab.

Der Songtext ist vielfach interpretiert worden; *Sting* selber sprach von einem Liebeslied; der Musikexperte *Lutz Stolberg* meint, es sei „nach heutigem Verständnis ... eigentlich ein Lied über Stalking".[10] Dazu fällt mir doch glatt ein, dass nur wenig später in der DDR die Band *Jessica* mit „Ich beobachte dich" einen thematisch doch sehr ähnlichen Titel in den Medien platzierte – wenn da mal nicht Texter und Sänger *Tino Eisbrenner* ein wenig beim großen *Sting* abgekupfert hat...?

Hier nun in jedem Fall das Original: *Sting* mit *Police*, die sich anlässlich eines Benefiz-Konzertes für *Amnesty International* im *Giants Stadium* von Meadowlands,

New Jersey, am 15. Juni 1986 noch einmal zusammengerauft hatten, und eben diesem Superhit „Every Breath You Take" – und auch diese Platte verdanken wir dem Bootleg-Label der tanzenden Schweinchen: *Swingin' Pig Records* – das Vinyl ist diesmal übrigens glasklar...

Police: Every Breath You Take

Nach seiner Zeit mit *Police* war und ist *Sting* als Solist äußerst erfolgreich unterwegs. Seine Tourneen sind nicht zuletzt aufgrund der ihn begleitenden und stets hochkarätigen Musiker bis heute Höhepunkte der anspruchsvollen

---

[10] Ebenda, S. 125.

Popkultur. Beredtes Zeugnis davon legt das 1986 bei A&M Records erschienene Doppel-Live-Album „Bring On The Night" – nicht zu verwechseln mit dem erwähnten *Police*-Bootleg – ab.

Zu diesen Hochkarätern, die da neben *Sting* auf der Bühne stehen, zählen als Rhythmusgruppe der Jazz-Drummer *Omar Hakim*, der schon bei *Joe Zawinuls Weather Report* für den Groove sorgte, und der grandiose Bassist *Darryl Jones*, dessen Aktivitäten von *Miles Davis* bis zu den *Rolling Stones* reichen. Dazu der Saxofonist *Branford Marsalis*, der bereits in der LiveRillen-Sendung zum Saxofon gewürdigt wurde, sowie der erfahrene Jazzkeyboarder *Kenny Kirkland*. *Sting* selbst, bei *Police* dereinst am Bass zu erleben, kann sich hier neben dem Mikrofon auch an der Gitarre beweisen. Mitgeschnitten wurden die Aufnahmen für das Album bei Konzerten 1985 in Paris, Rom und Arnhem übrigens mit dem mobilen Studio Zwei des deutschen Produzenten *Dieter Dierks* von den Toningenieuren *Gerd Rautenbach* und *Peter Brandt* – das Ergebnis kann sich wirklich hören lassen: ein druckvoller Sound, dabei stets differenziert und transparent. Gut nachzuvollziehen ist das bei dieser musikalisch interessanten Mischung aus Reggae-Elementen mit Gospel-Feeling, auf der die ebenso schlichte wie eindrückliche Botschaft in Varianten repetiert wird: „One World Is Enough For All Of Us!".

In den Liner Notes auf dem Plattencover schreibt *Sting* darüber: *„Ich glaube, dass eine Welt für uns alle ausreicht. Ich glaube, dass blinder Gehorsam gegenüber einer Flagge, Nation, Religion oder Ideologie abscheulich und letztendlich böse ist. Trotz alledem ist der Song ein fröhlicher Song, ebenso wie ‚Live is the seventh wave', das 1985 auf Barbados geschrieben wurde. Wir müssen ein gewisses Vertrauen bewahren, dass die Welt ein besserer Ort sein kann, egal wie deprimierend die Dinge erscheinen. Es ist aber auch möglich, diese Songs einfach zu genießen und nicht an all diese Dinge zu denken."*

Genießen wir also elf Minuten lang *Sting* live, aufgenommen in Paris am 23. Dezember 1985, mit "One World (not three)" und "Love Is The Seventh Wave".

Sting: One World (not three) / Love Is The Seventh Wave

Die *Frankfurter Rundschau* urteilte einmal über den stilistischen Grenzgänger *Sting*, er sei *„ein König der Diebe, der den postmodernen Pop-Mix zur Kunstform verdichtet"* habe. Und das realisiert *Sting* bis heute mit einer Souveränität, die jegliches Naserümpfen über Eklektizismus als puristische Beckmesserei erscheinen lässt. Als Belege hier gleich noch drei Titel aus dem Doppel-Live-Album „Bring On The Night", dessen eindrucksvolle grafische Gestaltung auf Bildern von *Su Huntley* und *Donna Muir* basiert, zwei bekannten britischen Illustratorinnen, deren farbintensive Kunst auch Plattencover für *Joan Armatrading* oder die Reggae-Bands *Steel Pulse* und *Aswad* geprägt hat.

Zunächst das jazzige Instrumental „The Dream Of The Blue Turtles", das in die *Police*-Reminiszenz „Demolition Man" übergeht, und zur Abrundung „Moon Over

Bourbon Street", fast ein Chanson, das die große Konzertbühne zum intimen Barkeller zusammenschnurren lässt.

Sting: Dream Of The Blue Turtles / Demolition Man / Moon Over Bourbon Street

Nicht unerwähnt bleiben soll seine durchaus erfolgreiche Neben-Karriere als Schauspieler; so übernahm er eine Rolle in der 1979er Verfilmung des *Who*-Musicals „Quadrophenia"; im Science-Fiction-Klassiker „Dune – Der Wüstenplanet" von *David Lynch* war er ebenso zu sehen wie 1988 in „Die Abenteuer des Baron Münchhausen" in der Regie von *Terry Gilliam;* zudem rettete er *Bart Simpson* in der TV-Episode „Wer anderen einen Brunnen gräbt" aus gewissen Schwierigkeiten.

Ich greife jetzt zu einer weiteren Benefiz-Platte, die 1986 erschienen ist. Sie enthält allerdings kein komplettes Konzert, sondern versammelt unter dem Motto „Live! For Life" Aufnahmen verschiedener Künstler. Und neben *R.E.M., Bob Marley,* den *Bangles* oder *Squeeze* findet sich auch *Sting* im Kreise derer, die hier wiederum ein wichtiges Anliegen unterstützen, nämlich die Arbeit des *AMC Cancer Research Center.* Auf dem Plattencover ist darüber folgendes zu lesen: *„Das AMC Krebsforschungszentrum ist eine unabhängige gemeinnützige Einrichtung, die 1904 gegründet wurde und ihren Hauptsitz in Denver, Colorado, hat. Durch Forschungsprogramme im Labor, in der Klinik und in der Öffentlichkeit versuchen AMC-Wissenschaftler, effektivere Methoden zur Krebsprävention sowie zur Früherkennung, Diagnose und Behandlung zu entwickeln. Miles Copeland und I.R.S. Records haben dieses Album mit bisher unveröffentlichten Live- und Studiotracks zusammengestellt, um Gelder für das AMC zu sammeln. Alle Einnahmen aus dem Verkauf dieses Albums werden dem Zentrum gespendet, um AMC-Forschungsprogramme zu unterstützen. "*

Ein paar Worte braucht's da noch zum Label, auf dem die Platte „Live! For Life" 1986 erschienen ist: *I.R.S. Records,* 1979 in den USA von *Miles Copeland,* dem Bruder des *Police*-Schlagzeugers *Stewart Copeland,* gemeinsam mit Freunden aus der unabhängigen Punk- und Wave-Szene gegründet. *I.R.S.* produzierte einige der beliebtesten Bands der 1980er Jahre und war besonders bekannt für die Herausgabe von Platten von College-Rock-, New-Wave- und Alternative-Rock-Künstlern, darunter *R.E.M., The Go-Go's, The Alarm, Wall of Voodoo* oder die *Fine Young Cannibals.*

Und ohne diese Benefiz-Platte hätten wir also auch keine Chance, dieser tollen Mitschnitt aus dem *Greek Theatre* in Los Angeles aus dem Jahr 1986 zu genießen, zumal die Band, die *Sting* im Verlauf des Titels auch vorstellt, hier ergänzt wurde durch keinen Geringeren als *Jeff Beck* an der Gitarre, was dem Song „I've Been Down So Long" eine kräftige Prise Bluesrock angedeihen lässt. Im Netz wird der Titel häufig *Police* oder *Sting* selbst zugeschrieben oder aber mit dem gleichnamigen Titel der *Doors* verwechselt, der auf deren letzter Studioplatte mit *Jim Morrison* „L. A. Woman" enthalten war, was aber beides nicht zutrifft.

Tatsächlich handelt es sich um eine alte Bluesnummer, die *J.B. Lenoir* und *Alex Atkins* 1956 geschrieben haben – so ist es auch korrekt auf dem Label der LP „Live! For Life" vermerkt. Im Februar 57 hatte *J.B. Lenoir* den Song erstmals auf Platte herausgebracht. Knapp 30 Jahre später klingt er dank der mitreißenden Interpretation von *Sting* und *Jeff Beck* taufrisch wie am ersten Tag…

Sting & Jeff Beck: I've Been Down So Long

Kommen wir nun zum dritten Jubilar, und auch er vollendet im Oktober das 70. Lebensjahr: *John Mellencamp,* der zeitweise unter dem Pseudonym *Johnny Cougar* arbeiten musste, das ihm sein erster Agent, *Tony DeFries* verpasst hatte, der unter anderem auch mal *David Bowie* managte. *DeFries* habe wohl nicht daran geglaubt, dass irgendjemand Platten kaufe von einem Musiker, der *Mellencamp* heiße, schreibt dieser auf seiner Website. Er habe zwar dagegen protestiert, sei aber überstimmt worden, und es dauerte dann eine ganze Weile, bis er seine Songs unter dem eigenen Namen herausbringen konnte.

Geboren wurde *Mellencamp* am 7. Oktober 1951 in der Kleinstadt Seymour im Bundesstaat Indiana. Bereits mit 14 Jahren trat er mit der Gitarre in lokalen Bars und als Frontmann einer Soulband auf. Einige Male sei er in jungen Jahren mit dem Gesetz in Konflikt geraten, heißt es über diese offenbar nicht ganz einfache Zeit. Seine professionelle Musikkarriere begann erst 1976, als *MCA Records* sein erstes Album veröffentlichte – allerdings, wie gesagt, unter dem Namen *Johnny*

Cougar. Anfang der 80er Jahre kam dann mit der LP „American Fool" der Durchbruch, durch den er in die erste Riege der Singer/Songwriter um *Bruce Springsteen, Southside Johnny, Elliott Murphy, Garth Brooks* oder *John Hiatt* aufstieg. Musikalisch geprägt durch Rock, Blues, Country und Folk – all diese Elemente finden sich in seinen Songs, die häufig melancholische Geschichten von Außenseitern oder den Problemen der amerikanischen Land- und Kleinstadtbevölkerung erzählen.

Dass auch *Mellencamp* dem Benefiz-Gedanken nahesteht, dazu gleich mehr – hier zunächst Musik von ihm. Am 31. Juli 2003 wurde ein Konzert von *John Mellencamp* in der New Yorker *Town Hall* mitgeschnitten, unter den 1.500 Gästen auch mehrere Familienmitglieder der Folklegende *Woody Guthrie.* Im Mittelpunkt des Konzerts die Songs der gerade erschienenen 18. Studio-LP des Künstlers „Trouble No More", mit der *Mellencamp* bewusst zu den Roots, den Wurzeln seiner Musik zurückgeht. So greift schon der Name der Platte einen Songtitel von *Muddy Waters* auf, der sich allerdings gar nicht auf der Scheibe wiederfindet. Dafür steigt diese – genau wie das Konzert – mit einer Reminiszenz an die Blueslegende

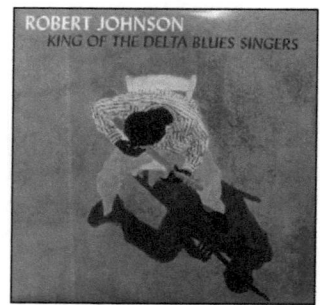 *Robert Johnson* ein – die Steine im Weg besingend: „Stones In My Passway". Und deshalb lege ich nach *Mellencamps* Version zum Vergleich das live eingespielte Original aus dem Jahr 1937 auf den Plattenteller. Damit sollten die Steine aus dem Weg geräumt sein…

John Mellencamp / Robert Johnson: Stones In My Passway

„No Overdubs - what you hear is what was played!" – so steht es auf der Plattenhülle von *Mellencamp,* das ist musikalische Ehrlichkeit.

Mitte der 1980er Jahre hatte *John Mellencamp* durch die Erweiterung der vom Grunde her rockigen Songarrangements durch Folkinstrumente wie Geige oder Akkordeon seinen typischen Sound gefunden. Alben wie „Scarecrow" (1985), „Big Daddy" (1989) oder „Human Wheels" (1993) brachten ihm in den USA Platinehrungen ein. Auch live war er unermüdlich präsent, bis ihn 1994 während der Tour zum neuen Album „Dance Naked" ein Herzinfarkt ereilte. Die nachfolgende Phase der Selbstbesinnung brachte ihn zudem zur Malerei – er ist inzwischen vor allem durch seine mitunter fast expressionistisch anmutenden Porträts auch als bildender Künstler anerkannt.

Auch seine musikalischen Ehrungen lesen sich beeindruckend – hier ein kurzer
Auszug: Schon 2001 hat *John Mellencamp* den *Billboard Century Award* erhalten; 2004
wurde er mit dem *Woody Guthrie Award* für sein Lebenswerk ausgezeichnet, das
damit glücklicherweise nicht abgeschlossen war. 2007 ehrte die *ASCAP Foundation
John Mellencamp* mit dem *Champion Award* in Anerkennung seines herausragenden
Einsatzes im Dienste der Menschheit – die Auszeichnung haben unter anderem
auch *Billy Joel* und *Arlo Guthrie* erhalten. 2008 wurde er in die *Rock and Roll Hall of
Fame* aufgenommen, 2009 tourte er ausgiebig mit *Bob Dylan und Willie Nelson,* und
2018 folgte dann als Höhepunkt die Aufnahme *Mellencamps* in die renommierte
Songwriters Hall of Fame.

Sein soziales Engagement bezieht sich vor allem auf die Lage der ländlichen
Bevölkerung in den USA, so gehört der weiterhin in Indiana lebende fünffache
Vater seit 1985 gemeinsam mit *Neil Young, Willie Nelson* oder *Dave Matthews* zu den
Initiatoren und Protagonisten der *Farm Aid* Benefizaktionen, die den Erhalt der
kleineren landwirtschaftlichen Betriebe der USA zum Ziel hat. Zudem engagiert er
sich gegen Rassismus, unterstützt demokratische Politiker der USA und hält mit
seiner kritischen Meinung nicht hinterm Berg.

Die Grunderfahrung seines Lebens beschreibt *Mellencamp* auf seiner persönlichen
Website so: Wenn er einen Rat geben könne, dann den, hartnäckig zu sein. Viele
Menschen gäben angesichts von Enttäuschung zu früh auf. Auch seine eigenen
Bemühungen seien oft ins Stocken geraten, doch er blieb konsequent dran – und
diese Hartnäckigkeit sei schließlich mit den Erfolgen belohnt worden, die bis
heute andauern. Chapeau – dazu kann man dem
nun 70Jährigen nur gratulieren!

Das tue ich gern mit Livemusik von *Mellencamp* –
aus dem Konzertmitschnitt von 2003 die
Eigenkompositionen „Small Town" und „Paper
In Fire".

John Mellencamp: Small Town / Paper In Fire

Den Schlusspunkt der heutigen *LiveRillen*-Ausgabe, die gleich drei 70jährigen
Jubilaren gewidmet war, setzt *Mellencamp* aber mit einer Reminiszenz an einen
heute leider weitgehend vergessenen Klassiker des Folk-Blues: *Son House.* Und weil
der unverdientermaßen nur noch ausgesprochenen Bluesexperten bekannt sein
dürfte, will ich ihn kurz vorstellen: Der 1902 in Riverton, Mississippi, als *Eddie
James House* geborene Sohn schwarzer Farmarbeiter scheiterte zunächst als

Baptisten-Pfarrer an seiner Vorliebe für Alkohol und Frauen; mit Zwanzig entdeckte er den Blues als Ausdrucksmittel, trat in Bars und Clubs auf und hängte sein Priestergewand an den Nagel. 26jährig erschoss er – wohl in Notwehr – einen anderen Mann; nach einjähriger Haft wurde er jedenfalls wieder auf freien Fuß gesetzt. 1930 konnte er dann erste Songs aufnehmen und veröffentlichen; sein Gitarrenspiel habe Zeitgenossen wie *Robert Johnson* oder später dann auch *Muddy Waters* stark beeinflusst, heißt es.

In den 1960er Jahren erreichte seine Popularität ihren Höhepunkt; er trat 1965 beim *Newport Folk Festival* auf und war 1967 mit dem *American Folk Blues Festival* auch in Europa auf Tour. In den 1970er Jahren zog sich *Son House* aus gesundheitlichen Gründen von der Bühne zurück und verlegte seinen Wohnsitz nach Detroit, wo er 1988 verstarb; acht Jahre zuvor war er in die *Blues Hall of Fame* aufgenommen worden. Hier ist sein „Death Letter Blues", geschrieben 1933 über den Tod einer geliebten Frau: *„Ich wusste nicht, dass ich sie liebte / Bis ich anfing sie im Stich zu lassen / Ich habe mich gar nicht so schlecht gefühlt, bis die Sonne des guten Herrn untergegangen ist / Ich hatte wohl keine Seele, um sie zu umarmen"*, klagt der Sänger, der in diesem Falle *John Mellencamp* heißt und am 7. Oktober seinen 70. Geburtstag begeht.

Die nächste Ausgabe der LiveRillen widmet sich *The Band* und ihrem legendären Abschiedskonzert „The Last Waltz", das *Robbie Robertson* & Co. vor 45 Jahren mit einer illustren Kollegenschar im *Winterland* von San Francisco zelebriert haben.

Bis dahin: Bleibt gesund und optimistisch, auch wenn nun der „Death Letter Blues" erklingt…

John Mellencamp: Death Letter Blues

Quellen:

➤ The Boomtown Rats: Live Germany '78, LP, LTEV, 2016
➤ Robert Johnson: King Of The Delta Blues Singers (1936/37), Do.-LP, DOL, 2017
➤ John Mellencamp: Performs Trouble No More | Live at Town Hall 2003, LP, Mercury, 2014
➤ The Police: Bring On The Night – Paris '81, Do.-LP, Swingin' Pig Records, 1990
➤ The Police: Many Miles Away, Recorded Live In Montreal/Canada, 2/3/1983, LP, Swingin' Pig Records
➤ The Police: Reunion Concert 1986, LP, Swingin' Pig Records, 1990
➤ Sting: Bring On The Night, Do.-LP, A&M, 1986
➤ Live For Ireland (u. a. U2, Pogues, Chris de Burgh, Clannad, Thin Lizzy, Van Morrison, Boomtown Reds), LP, MCA, 1987
➤ Live! For Life (u. a. Bob Marley, R.E.M., Sting, Alarm, Bangles, Squeeze), LP, I.R.S., 1986
➤ Lutz Stolberg: Das Oldie-Buch – Die 80er. Projekte-Verlag Cornelius GmbH, Halle 2011

No. 44: Ein letzter Walzer zum Abschied von The Band

(November 2021)

Das Konzertereignis, dem diese LiveRillen gewidmet sind, liegt Ende dieses Monats genau 45 Jahre zurück. Und ich glaube, ich sage nicht zu viel, wenn ich behaupte, dass dieses Event zumindest mittelbar einen bedeutenden Einfluss auf die nach echter Rockmusik lechzende DDR-Jugend jener Jahre hatte. Zu einer Zeit nämlich, da sich der Eiserne Vorhang für West-Bands erst einen Spalt breit geöffnet hatte und auch das AMIGA-Lizenzschallplattenprogramm erst ganz allmählich Fahrt aufnahm, gelangte ein zweistündiger Konzertfilm in unsere Kinos, der alles in den Schatten stellte, was unsere Augen und Ohren bis dato konsumieren durften: „The Last Waltz" in der Regie von *Martin Scorsese*. Für all jene, die nun befürchten, den Wiener Opernball serviert zu bekommen, sei ergänzend hinzugefügt: Unter diesem Motto verabschiedete sich am 25. November 1976, dem *Thanksgiving Day*, im *Winterland Ballroom* von San Francisco ein Quintett von der Bühne, das unter dem schlichten Namen *The Band* zum Inbegriff amerikanischer Rockmusik geworden war: *Robbie Robertson* an der Gitarre, *Rick Danko* an Bass und Violine, Keyboarder *Richard Manuel*, *Garth Hudson* an Orgel und Saxofon – allesamt gebürtige Kanadier – sowie der singende Schlagzeuger *Levon Helm* aus Arkansas. Zu den Musikern später mehr.

Wie es dieser Film in die DDR-Kino geschafft hat, ist mir bis heute ein Rätsel; ich habe ihn sicher zehn-, zwölfmal gesehen – es lohnt sich noch heute. Und nicht nur das: Es gibt ja den legendären Soundtrack auch als Dreifach-Vinyl-Album, in dessen Booklet dies zu lesen ist:

„Die Straße war unsere Schule. Das gab uns ein Gefühl des Überlebens; sie hat uns alles gelehrt, was wir wissen, und aus Respekt wollen wir es nicht übertreiben... oder vielleicht ist es nur Aberglaube, aber der Weg hat viele der Großen genommen. Es ist eine gottverdammt unmögliche Lebensweise. Diese Band ist seit sechzehn Jahren zusammen unterwegs; acht Jahre in Tanzsälen, Kellern und Bars, acht Jahre in Konzerten, Arenen und Stadien. Unser erstes Konzert als The Band war im Winterland, also haben wir es am Thanksgiving Day dort abgeschlossen. Es gab ein Abendessen für 5.000 Gäste, ein Walzerorchester, eine höllische Party und ein paar Freunde kamen, um uns mit nach Hause zu nehmen. Aber sie sind viel mehr als nur Freunde. Sie haben die Musik und mit ihr eine ganze Generation beeinflusst. Wir wollten, dass es mehr wird als ein ‚Abschlusskonzert'. Wir wollten, dass es ein Fest wird: Der letzte Walzer – The Last Waltz!"

Und damit steigen wir musikalisch ein in diese LiveRillen-Sendung; hier sind – nach dem Walzer-Thema des Abends – The Band mit „Up On Cripple Creek" – da oben am Krüppelbach also.

The Band: Theme From The Last Waltz / Up On Cripple Creek

Der Song präsentiert exemplarisch den musikalischen Stereotypus des Quintetts, um das sich in der heutigen LiveRillen-Sendung alles dreht: Ein Schuss Rock, eine Prise Blues, ein Quentchen Country und Folk; dazu harmonische Gesangssätze und versiertes Handwerk am üblichen Instrumentarium einer nordamerikanischen Band Mitte der 1970er Jahre – das alles kommt weder überraschend noch besonders spektakulär daher und wirft die berechtigte Frage auf, warum gerade diese Combo von ihren Fans derart verehrt wurde und sich in den 16 Jahren ihres Bestehens einen zu ihrer Zeit zweifellos legendären Ruf erspielen konnte. Vielleicht ist es das ironische Understatement, mit dem sich die Musiker nicht – wie seinerzeit üblich – einen bombastischen oder zumindest Aufmerksamkeit heischenden Namen gaben, eben nicht Led Zeppelin, Deep Purple, Bad Company, Jefferson Airplane, King Crimson, Hawkwind oder Grateful Dead wählten, sondern schlicht genau das, was sie nun mal waren: Die Band schlechthin – The Band! Vielleicht sind es auch die personelle Kontinuität und die solide Perfektion, das gesunde Maß Konservatismus, das sich modischen Strömungen verweigerte, und das Beschwören einer heilen, ländlich geprägten und ziemlich überschaubaren Welt, die zeitlich gesehen in der Vergangenheit lag: Sozusagen 19. Jahrhundert zur Zeit des amerikanischen Bürgerkriegs in einem hundert Jahre später kreierten musikalischen Gewand.
„The Band hat die Popmusik 1968/69 nach den Lärmorgien des Psychedelic Rock wieder auf leisere Töne und gesunde Countryklänge umgestimmt", urteilt Siegfried Schmidt-Joos in seiner Rock-Bibel; dabei hätten sie nach seinen Worten „den notorisch linksliberalen Rock mit der zuvor als zutiefst reaktionär geltenden Country & Western-Musik Nashvilles" versöhnt – ihr Sound klinge so, „als öffne sich ein amerikanisches Volksmusik-Archiv".
Angefangen hatte das 1958, als fünf noch bartlose Jungs begannen, ihren Jugendtraum zu verwirklichen, und sie haben sich dabei nicht aus den Augen verloren, im Gegenteil: The Band waren nie ein Starensemble egomaner Individualisten, sondern auch nach 16 Jahren so etwas wie eine Clique, eine Gemeinschaft, eine Gang, die ihr Können häufig genug in den Dienst anderer

gestellt hatte, die sich auf dieser absolut verlässlichen Basis als Solisten im Rampenlicht sonnen durften. So war es einst losgegangen, nachdem sich das Quintett gefunden hatte und umgehend vom schon bekannten Country-Star *Ronnie Hawkins* als musikalische Begleiter rekrutiert wurde – unter dem passenden Namen *The Hawks.*

Der 1935 in Arkansas geborene *Hawkins* war nach jahrelanger Rock'n'Roll-Tingelei 1958 in Kanada gelandet; mit seiner neuen Begleittruppe konnte er mit „Forty Days" und „Mary Lou" gleich zwei internationale Hits vorweisen.

Die Zusammenarbeit dauerte bis Mitte der 1960er Jahre, dann orientierten sich *The Hawks* neu, wählten konsequenterweise auch einen neuen Namen – eben *The Band* – und wurden neben ihren eigenen Ambitionen zu Wegbegleitern eines neuen US-amerikanischen Superstars namens *Bob Dylan.* Dazu später mehr; bleiben wir zunächst bei *Ronnie Hawkins.*

Dessen musikalischer Stern leuchtete dann in den 1970ern zwar nicht mehr so strahlend wie zuvor; zudem widmete er sich verstärkt seiner Farm, die er bei Toronto erworben hatte. Dennoch gab es Kontakte und zeitweise Zusammenarbeit etwa mit *David Clayton Thomas* von *Blood, Sweat & Tears* oder dem kanadischen Singer/Songwriter *Burton Cummings;* zudem war er für *John Lennons* „Make Love Not War" als Friedensbotschafter unterwegs. 1989 vereinte ihn ein Konzert zum Fall der Berliner Mauer sogar noch einmal mit den Musikern von *The Band.* 1992 trat er auf der Antrittsparty des demokratischen US-Präsidenten *Bill Clinton,* einem der größten Fans der *Hawks,* auf; er spielte vor den kanadischen Premiers der 1970er, 80er und 90er Jahre und war sogar für den polnischen Gewerkschaftsführer und späteren Präsidenten Polens, *Lech Walesa,* aktiv.

Seine Wahlheimat ehrte ihn mit der Mitgliedschaft im kanadischen Nationalorden; die zweithöchste Auszeichnung, die Kanada zu vergeben hat.

Klar, dass *Ronny Hawkins* auf der Abschiedsparty von *The Band* nicht fehlen durfte – hier sind sie gemeinsam mit dem *Bo-Diddley*-Klassiker „Who Do You Love".

Ronny Hawkins: Who Do You Love

Als nächster Gast auf der Bühne des Winterland wurde ein kanadischer Landsmann von *Robbie Robertson* und Co. begrüßt – *Neil Young!* Ihn ausführlich vorzustellen, hieße, Eulen nach Athen zu tragen; zudem war er ja bereits mehrfach in den LiveRillen präsent, zuletzt ausführlich anlässlich seines 75. Geburtstages in

der Novemberausgabe 2020 (siehe No. 3 der
LiveRillen, S. 45ff). Nun wird er also in Kürze
76 und ist aktiv wie eh und je.

Mitte der 1970er Jahre hatte er sich von einer
komplizierten Rücken-Operation wieder erholt,
mit „Heart Of Gold" bereits den einen
unverwüstlichen Chart-Hit gelandet, den man
braucht für die Ewigkeit, zudem den Tod seines
langjährigen Kumpels, des *Crazy-Horse*-Gitarristen
Danny Whitten, zu verkraften, endlich dann die
zweite LP mit *Crazy Horse* und dem neuen Mann
an der Gitarre *Frank „Poncho" Sampedro*
veröffentlicht („Zuma" mit dem grandiosen Song „Cortez The Killer"), und
soeben mit *Stephen Stills* das gemeinsame Album „Long May You Run"
herausgebracht. Da folgte er doch gern der Einladung seiner Landsleute zum
letzten Walzer ins Winterland, um dort einen seiner frühen Erfolge zu zelebrieren:
das zu Herzen gehende „Helpless", das 1970 auf dem *Crosby, Stills, Nash & Young*-
Album „Deja Vu" erschienen war – übrigens obwohl es *Neil Young* zuvor schon
mit seiner Band *Crazy Horse* eingespielt hatte! Inhaltlich verarbeitet *Young* in dem
Song seine frühe Erkrankung an Kinderlähmung, von der seine linke Körperhälfte
dauerhaft geschädigt blieb.

Gesanglich unterstützt wird *Neil Young* im Winterland von
Joni Mitchell, der großartigen Folksängerin, die am 7.
November nunmehr 78 Jahre alt wird; die gebürtige
Kanadierin hat sich längst auch als Malerin einen Namen
gemacht. Gleich nach *Neil Young* hören wir sie dann als
Solistin mit ihrem Song „Coyote"; der Titel war gerade auf
ihrer LP „Hejira" erschienen und auch als Single
ausgekoppelt worden. *Joni Mitchell* hatte ja eine enge
Beziehung zu *Crosby, Stills, Nash & Young*, die ihren Song
„Woodstock" zum Hit gemacht hatten; zudem war sie
privat erst kurz mit *David Crosby*, anschließend etwas länger mit *Graham Nash* liiert.
Namen übrigens, auf die sie heute nicht mehr angesprochen werden will...
Im Laufe der Jahrzehnte verschob sich ihr künstlerischer Akzent von der Musik
zur Malerei, wobei sie durchaus Zusammenhänge sieht – so sprach sie in einem
Interview mit dem *Rolling Stone* 2015 davon, sich vorrangig als Malerin zu
begreifen, die Lieder schreibe. Zudem seien diese Songs sehr visuell, mit Worten
erschaffene Szenen sozusagen. Dennoch gilt sie als eine der bedeutendsten

Songwriterinnen überhaupt; im Ranking des *Rolling Stone* steht sie dabei auf Platz neun! Und einen Stern auf dem *Canadian Walk of Fame* hat sie auch längst bekommen.

Und noch ein dritter Hochkaräter der amerikanischen Popmusik darf in dieser Runde ran: *Neil Diamond*. Im Januar ist er 80 Jahre alt geworden; zum Abschiedskonzert von *The Band* stand er also mit zarten 35 auf der Bühne des Winterland. Da hatte der gebürtige New Yorker sein erfolgreichstes Jahrzehnt gerade hinter sich, das 1966 mit „Solitary Man" begonnen und ihm mit „Cracklin' Rosie", „I Am … I Said" oder „Sung Sung Blue" etliche Kassenfüller beschert hatte. Jetzt – 1976 – hatte er den *The-Band*-Gitarristen *Robbie Robertson* als Produzenten für seine neue LP „Beautiful Noise" gewinnen können; im Gegenzug lud ihn *Robertson* zur Abschiedsparty ein, zu der *Neil Diamond* seinen Song „Dry Your Eyes" beisteuerte. Weitere Hitparadenstürmer blieben ihm in der Folge zwar verwehrt, doch ein treues Livepublikum besuchte nach wie vor seine Konzerte und Tourneen, viele seiner Titel wurden in Fremdinterpretationen (etwa von den *Monkees, Barbra Streisand* oder *UB40*) zu Hits, 2011 wurde er in die *Rock and Roll Hall of Fame* aufgenommen, und der *Rolling Stone* führte ihn 2015 auf Platz 47 der hundert besten Songschreiber.

Hier nun also im Paket *Neil Young, Joni Mitchell* und *Neil Diamond* beim Last-Waltz-Konzert von *The Band* im November 1976.

Neil Young: Helpless
Joni Mitchell: Coyote
Neil Diamond: Dry Your Eyes

Und wie an einer Perlenschnur gelangen wir in der Abfolge der Stars an diesem legendären Konzertabend von *Neil Diamond* zum nächsten Gast: *Dr. John,* am 20. November 1941 in New Orleans geboren und auf den bürgerlichen Namen *Malcolm John Rebennack Jr.* getauft. Seine Geburtsstadt wurde ihm auch zur musikalischen Heimat: Rhythm&Blues, angereichert mit einer gehörigen Prise kreolischer Soulmusik und einem Quäntchen Voodoo-Kult, bildet die auf gut dreißig Studioplatten veröffentlichte unmittelbare Hinterlassenschaft des 2019 an einem Herzinfarkt verstorbenen Pianisten, Gitarristen, Sängers und Songschreibers. Hinzu kommen unzählige Mitwirkungen bei Produktionen befreundeter Musikerinnen und Musiker aus den Bereichen Blues, Rock, Soul und Jazz. Gerade hatte er an der Einspielung von *Neil Diamonds* „Beautiful Noise" am Piano gesessen; Produzent *Robbie Robertson* war ihm ohnehin seit langem verbunden – logisch, dass *Dr. John* zur Party hinzugebeten wurde. „Such A Night" – was für eine Nacht – lautet sein stimmiger Kommentar zum Bühnenabschied von *The Band*.

Im Anschluss erklingt die Blues-Mundharmonika, die kaum ein anderer Weißer so spielte wie er: *Paul Butterfield*. Mit seiner Band hatte er schon in *Woodstock* für Furore gesorgt; erst jüngst ist das gesamte dort gespielte Set der *Paul-Butterfield-Blusband* in einer toll restaurierten Fassung auf Vinyl erschienen. Auf der Bühne des *Winterland* spielte *Butterfield,* der schon 1987 mit gerade mal 44 Jahren an seinem jahrelangen Alkohol- und Drogenmissbrauch verstarb, den „Mystery Train", den der schwarze Bluesmusiker *Herman „Junior" Parker* 1953 geschrieben und als Single bei SUN-Records veröffentlicht hatte. *Elvis Presley* hat später aus der Bluesnummer ein erfolgreiches Rockabilly-Cover gemacht. Hier aber die Version von *Paul Butterfield,* der gesanglich unterstützt wird vom *The-Band*-Drummer *Levon Helm;* zuvor noch *Dr. John* und „Such A Night".

Dr. John: Such A Night
Paul Butterfield: Mystery Train

Dr. John und *Paul Butterfield* – beide leider schon im Elysium der populären Musik und zumindest in der Ruhmeshalle von Cleveland (Ohio), der *Rock and Roll Hall of Fame,* sowie der in Memphis, Tennessee, ansässigen *Blues Hall of Fame* vereint. Tja, und wen treffen wir dort ebenso zwangsläufig wie nun auf der *Winterland*-Bühne von San Francisco im musikalischen Freundeskreis von *The Band? McKinley Morganfield,* besser bekannt als *Muddy Waters!* Mitte der 1970er Jahre im Zenit seines Ruhms stehend, gibt er hier eine intensive Fassung seines „Mannish Boy" zum Besten, unterstützt von *Paul Butterfield* an der Mundharmonika, und zu *The Band* gesellen sich mit *Pinetop Perkins* am Piano und dem Gitarristen *Bob Margolin* zwei langjährige Weggefährten der hier schon 63jährigen Blues-Ikone *Muddy Waters.*

Muddy Waters: Mannish Boy

Muddy Waters mit der nachdrücklichen Versicherung, ein Mann zu sein, und was für einer! Und auch der nächste Gast des Abschiedskonzerts von *The Band* gehört zur Top-Riege der internationalen Rock- und Blues-Stars: *Mr. Eric Clapton!* Der hatte sich zu dieser Zeit gerade einigermaßen von seinen Drogenexzessen nach dem Ende von *Cream* und der Sinnsuche der frühen 1970er Jahre erholt, war mit oft wechselnden Musikern im Studio und live aktiv und hatte mit „461 Ocean Boulevard", „There's One In Every Crowd" und „No Reason To Cry" in drei Jahren drei Platten veröffentlicht, die in Großbritannien jeweils mit Gold dekoriert wurden – allein „461 Ocean Boulevard" verkaufte sich mehr als 2,1 Millionen mal.

Allerdings war *Clapton* 1976 auch mit rassistischen Äußerungen aufgefallen; er sei betrunken gewesen, entschuldigte er sich später. Und tatsächlich blieb der Alkohol auch in dieser Zeit, da er bereits mit *Pattie Boyd,* der Noch-Ehefrau von *George Harrison,* liiert war, sein ständiger und treuer Begleiter. Erst eine wiederholte Entziehungskur und der tragische Tod seines Sohnes *Conor* aus einer Beziehung mit der italienischen Schauspielerin *Lory Del Santo* konnten ihn von der Sucht heilen; die Gründung des Rehazentrums *Crossroads* auf Antigua, das er weiterhin mit den Einnahmen seiner *Crossroads-Festivals* unterstützte, war die Folge.

Zurück ins Jahr 1976 und auf die Bühne des *Winterland* von San Francisco: Dort

spielte *Clapton* gemeinsam mit *The Band* den 1957 von *Joe Medwick* und *Don Robey* geschriebenen Bluesklassiker „Further On Up The Road" – den Song haben später unter anderem *Gary Moore* und *Joe Bonamassa* gecovert, allerdings nicht zu verwechseln mit gleichnamigen Titeln von *Bruce Springsteen* oder *Johnny Cash.* Hier also *Eric Clapton* im hörenswerten Gitarrenduell mit *Robbie Robertson* von *The Band!*

Gleich im Anschluss noch eine ganz originäre Nummer von *The Band* selbst – ihr unverwüstlicher Klassiker „The Night They Drove Old Dixie Down" – Südstaatenromantik

des 19. Jahrhunderts gut hundert
Jahre nach dem Ende der
Sezessionskriege nun im
rockmusikalischen Gewand,
gesungen vom Schlagzeuger *Levon
Helm*, der sich in seiner im Jahr
2000 erschienen Autobiografie
übrigens darüber beschwerte, dass
Martin Scorsese sich bei der
Filmproduktion nur auf *Robbie
Robertson* fokussiert und den Rest
der Band als dessen „Hilfsarbeiter"
dargestellt habe.

Nun gut – rein akustisch können wir uns jetzt ganz auf *Levon Helm* konzentrieren.

Eric Clapton: Further On Up The Road
The Band: The Night They Drove Old Dixie Down

The Band mit ihrem wohl bekanntesten Titel; in Deutschland hatte die erst
15jährige *Juliane Werding* 1972 daraus bekanntlich den Anti-Drogen-Song „Am
Tag, als Conny Kramer starb" gemacht.

Nun zu *Van Morrison*, dem ein-Meter-sechzig kleinen Nordiren mit der gewaltigen
Bluesstimme, der 1970 aufgrund seiner Platten- und Konzerterfolge in den USA in
Kalifornien ansässig geworden war, wo er häufig mit *Robbie Robertson* und *The Band*
jammte und auch auf deren LP „Cahoots" gesanglich zu hören ist. Nachdem seine
Ehe 1973 in die Brüche gegangen war, zog *Morrison* vorübergehend zurück auf die
grüne Insel, kehrte jedoch Ende 1976 nach Kalifornien zurück – gerade
rechtzeitig, um beim Abschiedskonzert von *The Band* dabei zu sein. Und das war
keineswegs schon alles an persönlichen
Beziehungen: Mit dem bereits erwähnten *Dr. John*
am Piano arbeitete *Morrison* zu dieser Zeit bereits
an seinem Album „A Period Of Transition", das
1977 mit diversen Jazz- sowie Rhythm&Blues-
Standards erschien. Und als er sich 1993 den
Eklat leistete, bei seiner Aufnahme in die *Rock and
Roll Hall of Fame* nicht persönlich zu erscheinen
(was übrigens kein lebender Künstler vor ihm

gewagt hatte!), war es *Robbie Robertson,* der die hohe Ehrung für den als schwierig geltenden Eigenbrötler entgegennahm.

Am 25. November 1976 allerdings war *Van The Man* persönlich erschienen und interpretierte zunächst das irische Wiegenlied „Tura Lura Lural", bevor er mit „Caravan" aus seinem 1970er Album „Moondance" zweifellos einen der Höhepunkte dieser insgesamt grandiosen Show im *Winterland* ablieferte.

Van Morrison: Tura Lura Lural / Caravan

Der nächste Gast auf der Bühne wird den meisten weniger bekannt sein: *Bobby Charles.* Wenn ich aber sage, „See You Later, Alligator", dann kommt sicher das Aha-Erlebnis, auch wenn der von *Bobby Charles* geschriebene und 1955 veröffentlichte Song vor allem in der ein Jahr später erschienenen Cover-Version von *Bill Haley & His Comets* bekannt geworden ist.

Bobby Charles selbst, geboren 1938 in Abbeville/Louisiana als *Robert Guidry* und als Weißer nach Kritikermeinung mit einer bemerkenswert schwarzen Rhythm&Blues-Stimme ausgestattet, gilt als einer der Erfinder des von der *Cajun Music* beeinflussten *Swamp Pop,* einem Musikgenre, das sich im multikulturellen Schmelztiegel von Süd-Louisiana herausbildete.

Im *Winterland Ballroom* in San Francisco spielte er gemeinsam mit *Dr. John* an der Gitarre und *The Band* „Down South in New Orleans", das die *Tennessee Mountain Boys* 1953 als Single herausgebracht hatten; das Akkordeon steuert hier *Garth Hudson* bei. Die wunderbar swingende und swampende Nummer wurde zwar von Regisseur *Martin Scorsese* filmisch festgehalten, erschien jedoch nicht in der endgültigen, veröffentlichten Kinofassung des Konzertfilms – warum auch immer. Dort ist *Bobby Charles* lediglich als Background-Sänger beim gemeinsamen Konzertabschluss auf der Bühne zu entdecken.

Gemeinsam mit *Rick Danko* hatte *Bobby Charles* schon den Song „Small Town Talk" für die 1972 erschienene Solo-LP des *The-Band*-Bassisten geschrieben, und auch mit *Willie Nelson* arbeitete er zeitweise zusammen. Hier hören wir den 2010

verstorbenen *Bobby Charles* also mit „Down South In New Orleans"; zuvor noch eine der immer mal wieder ins Konzert eingestreuten originären *The-Band*-Nummern – diesmal „Life Is A Carnival", das *Levon Helm* und *Rick Danko* gemeinsam singen.

The Band: Life Is A Carnival
Bobby Charles: Down South In New Orleans

Nach *Bobby Charles* wird es nun aber höchste Zeit für den Namen, mit dem die Erfolgsgeschichte von *The Band* seit den späten 1960er Jahren untrennbar verbunden ist: *Bob Dylan!* Als sich *The Hawks* von ihrem frühen Gravitationszentrum *Ronnie Hawkins* emanzipiert hatten und eigene Wege einschlugen, hörte *Dylan* sie zufällig in einem Club und war fasziniert von ihrem kraftvollen, erdigen und zugleich differenzierten Sound, der die hohe Musikalität aller Bandmitglieder widerspiegelte. Umgehend engagierte er sie für seine „Electric"-Tour Mitte der 1960er Jahre, mit der er zahlreiche seiner Folk-Fans durch straighten Rock verprellte; 1967 spielten sie gemeinsam die legendären „Basement-Tapes" ein, mit denen sie zu den Wurzeln der US-amerikanischen Popularmusik zurückfinden wollten. 1974 nahmen *Dylan* und *The Band* die LP „Planet Waves" auf, die in den USA Platz 1 und Goldstatus erreichte; im selben Jahr erschien das wohl beste Livealbum von *Dylan* „Before The Flood", wiederum gemeinsam mit *The Band,* das in Großbritannien, Deutschland, Österreich und den USA wochenlang vordere Chartpositionen belegte (ungewöhnlich für ein Live-Album) und sogar mit Platin veredelt wurde. Zuvor war ja bereits das zu Silvester 1971 in der New Yorker *Academy of Music*
aufgenommene Livealbum von *The Band* „Rock
Of Ages" erschienen, und auch das sollte in
keiner gepflegten Plattensammlung fehlen.
Zurück zum denkwürdigen Abschiedsabend im
Winterland, und vollkommen klar, dass *Bob Dylan*
dort dazugehören musste – das Publikum feierte
den scheuen Star gebührend. Ich habe aus seinem
längeren Part mit *The Band* zwei Stücke
ausgewählt: „Forever Young" und „Baby Let Me
Follow You Down".

Bob Dylan: Forever Young / Baby Let Me
Follow You Down

Ein denkwürdiger *Thanksgiving Day* neigte sich nach Stunden damit seinem Ende zu. Organisiert hatte den Abend übrigens *Bill Graham,* deutschstämmiger Konzertveranstalter und Impresario des *Fillmore West* in San Francisco, zu dem sich inzwischen das New Yorker *Fillmore East* sowie eben der *Winterland Ballroom* in

San Francisco gesellt hatten. Für die Abschiedsparty von *The Band,* die er 1973/74 auch selbst gemanagt hatte, ließ sich *Bill Graham* nicht lumpen: 200 Truthähne, 150 kg Lachs und 200 kg Kürbis hatte er für das Festbankett geordert, zu dem bedeutende US-amerikanische Lyriker ihre Texte vortrugen und ein klassisches Orchester die Musik lieferte – Genuss rundum sozusagen.

Für *The Band* als solche war es zwar der Abschluss, aber natürlich keineswegs für die individuellen Karrieren der fünf Musiker. Die verliefen ganz unterschiedlich: *Robbie Robertson* schrieb in der Folge etliche Filmmusiken, unter anderem für *Martin Scorsese.* 1987 erschien seine erste Solo-Platte, der fünf weitere folgten – die bislang letzte erschien 2019 unter dem Titel „Sinematic". Der kommerzielle Erfolg blieb zwar bescheiden, doch dürfte *Robertson,* den der *Rolling Stone* sowohl zu den hundert besten Gitarristen als auch zu den hundert besten Songwritern aller Zeiten zählt, auch so sein Auskommen haben. Einer zeitweisen Reunion von *The Band* im Jahr 1983 hatte er sich übrigens als einziger verweigert.

Die Initiative zur Neuauflage ging damals von *Rick Danko,* dem Bassisten aus, der bereits 1978 seine erste Solo-LP vorgelegt hatte. Gemeinsam mit den *The-Band-* Mitgliedern *Levon Helm* und *Garth Hudson* war er zudem 1990 am gigantischen „The Wall"-Projekt von *Roger Waters* in Berlin beteiligt. Mit der Neuausgabe von *The Band* gab es weitere Studioproduktionen und etliche Konzerte, bevor *Rick Danko* im Dezember 1999 mit nur 55 Jahren an Herzversagen verstarb.

Keyboarder *Garth Hudson* dagegen weilt noch unter den Lebenden. Er war bei der Neuauflage von *The Band* dabei; nach deren endgültigem Aus erschien 2001 dann auch seine erste Solo-LP. Daneben war und ist er als gefragter Gast (übrigens auch mit dem Saxofon) an zahlreichen Produktionen beteiligt, so unter anderem für *Ringo Starr, Muddy Waters, Neil Diamond, Eric Clapton, Emmylou Harris, Tom Petty, J. J. Cale* und *Norah Jones.*

Der zweite Keyboarder *Richard Manuel* endete tragisch – während einer Tournee der Neuauflage von *The Band* erhängte er sich 1986 nach einem Konzert mit seinem Gürtel im Bad des Motelzimmers, in dem seine Frau bereits schlief – die Gründe sind unklar. Laut Obduktionsbericht wurden in seinem Blut Alkohol und Spuren von Kokain gefunden.

Bleibt noch *Levon Helm,* der singende Schlagzeuger aus Arkansas: Er hatte neben seinem Engagement beim Neuaufguss von *The Band* mehrere Solo-Platten veröffentlicht und sich in Woodstock ein eigenes Tonstudio aufgebaut, als bei ihm Kehlkopfkrebs diagnostiziert wurde, den er durch eine langwierige Therapie jahrelang so weit in Schach halten konnte, dass ihm weitere Produktionen und sogar Konzerte möglich waren. 2012 ist *Levon Helm* in New York dem Krebs erlegen. Ihn listet der *Rolling Stone* nicht nur auf Platz 22 der hundert besten

Rockdrummer, sondern auch bei den Sängern immerhin auf Platz 91! Eine Straße in Woodstock trägt heute seinen Namen.

Hier sind *The Band* noch einmal zum Abschluss ihrer größten Zeit vereint auf der Bühne des *Winterland Ballroom:* Aus der den Konzertabend beschließenden „Last Waltz Suite" zunächst „Evangeline", das die Countrysängerin *Emmylou Harris* mit ihrer wunderbar klaren Stimme zum Gänsehaut-Erlebnis werden lässt, und anschließend „The Weight", einer der bekanntesten Songs von *The Band,* geschrieben von *Robbie Robertson* und 1968 als Single aus ihrer ersten LP „Music From Big Pink" ausgekoppelt.

The Band: Evangeline / The Weight

Damit gehen nun auch unsere zwei Stunden ganz im Zeichen des Letzten Walzers, der dem Abschiedskonzert des legendären Quintetts das Motto gab, zu Ende. Und ich gestehe, dass mir diese Sendung ganz besonders viel Freude bereitet hat, denn *The Band* gehören für mich zu jenen Gruppen, ohne die der Geschichte der populären Musik Wesentliches fehlen würde.

Die nächste Sendung ist dem *Glam Rock* gewidmet, dessen bunte und schrille, wenn auch kurze Blütezeit vor einem halben Jahrhundert mit *T. Rex, David Bowie, Sweet, Slade* oder *Roxy Music* begann – freut euch drauf!

Zum Abschluss für heute wird's festlich und ein wenig melancholisch: *Der Letzte Walzer* als konzertanter Abgesang aus dem *Winterland Ballroom:* Bye, bye – *The Band!*

The Band: The Last Waltz Refrain + Theme

<u>Quellen:</u>

➤   The Band: The Last Waltz, 3-LP-Set, Warner Brothers, 1978

No. 45:   Glam Rock

(Dezember 2021)

Die letzte *LiveRillen*-Ausgabe des Jahres 2021 beschäftigt sich mit einem popmusikalischen Phänomen, das vor eben 50 Jahren seinen Anfang nahm: *Glam Rock!* Um ehrlich zu sein: Ich persönlich – musikalisch sozialisiert in den späten 1960er Jahren mit den *Rolling Stones, The Who* und *Steppenwolf,* den *Small Faces,* den *Hollies* oder den *Kinks* – empfand das, was da mit dem Beginn des neuen Jahrzehnts plötzlich aus den Plastikgehäusen der ersten Kofferradios plärrte, als ziemlich einfältig und infantil. Mit der Arroganz des 18jährigen Abiturienten konsumierte ich dann lieber *Deep Purple, Led Zeppelin, Free* und *Black Sabbath* und mochte diesem aufgesetzten, schrillen und bunten Kasperletheater des Glam Rock mit ihren Protagonisten wie *Sweet, Slade* und *T. Rex,* zu denen die 12- bis 14Jährigen abhotteten, wenig abgewinnen. Und da sich das Phänomen zum Ende der 70er bereits wieder erledigt hatte und ich mich inzwischen bei Bluesrockern wie *Alvin Lee, Rory Gallagher, John Mayall* oder *Bad Company* gut aufgehoben fühlte, konnte ich dieses Genre als eine der vielen Verirrungen der Popkulturgeschichte getrost ignorieren… Glaubte ich zumindest bis zur Vorbereitung auf diese *LiveRillen*-Ausgabe anlässlich des 50jährigen Glam-Rock-Jubiläums. Die hat mir nämlich unerwartet viel Spaß gemacht, vielleicht ist es auch die Milde des Alters, sage ich mal kokett – jedenfalls hoffe ich, euch ein wenig von dieser Gute-Laune-Attitüde im farbenfrohen Mummenschanz vermitteln zu können. Wobei mir auch klargeworden ist, dass Glam Rock für eine Reihe der damit attribuierten Künstler lediglich ein Durchgangsstadium gewesen ist oder aber eine Fremdzuschreibung, die mit dem jeweiligen Selbstbild kaum übereinstimmte. Doch der Reihe nach… Und die beginne ich mit einer Band, die wahrscheinlich niemand von euch dort vermuten würde: Den britischen *Kinks* nämlich! Die Band rund um die sich ständig in der Wolle liegenden Brüder *Ray* und *Dave Davies* hatte 1970 einen unerwarteten Hit gelandet mit der andeutungsreichen Schilderung dessen, was passiert, wenn in einem zwielichtigen Club eine männliche Jungfrau in den Bann einer Trans-Frau gerät…: *Girls would be boys and boys would be girls…* Damit – so kommentiert es eine sehenswerte Arte-Dokumentation über den Glam Rock aus dem Jahr 2019 – hätten die *Kinks* den ersten Glam-Rock-Hit gelandet, bevor es diesen Begriff überhaupt gab. Und da das Spiel mit den tradierten Geschlechterrollen tatsächlich eines der wesentlichen Merkmale dieser neuen Stilistik bildete, will ich damit gern in die heutige Sendung einsteigen – live dargeboten auf dem Konzertalbum „One For The Road" der *Kinks* aus dem Jahr

1980. Dieser seinerzeit durchaus als provokant empfundenen Beitrag zur Diskussion um sexuelle Diversität war natürlich kein eigentlicher Glam Rock, wohl aber ein Zeichen, dass die Zeit reif war für gewisse Veränderungen in der populären Kultur.

The Kinks: Lola

Ein einzig gültiges Startdatum für den *Glam Rock* – oder *Glitter Rock,* wie er in den USA zumeist bezeichnet wurde – gibt es zwar nicht, aber faktisch gelten die Jahre 1970/71 als Geburtsstunde des Genres. Und auch an Geburtshelfern gibt es keinen Mangel.

So konstatierte *Jens-Uwe Berndt* jüngst in der Zeitschrift *GoodTimes,* dass „*Glam Rock im Allgemeinen für Glitzerfummel, exaltiert geschminkte Musiker und treibende Drums in der Schnittmenge aus Kriegstanz und Militärparade"* stehe, was aber durchaus nicht neu gewesen sei, man denke nur an den Bubble-Gum-Sound des *Ohio Express,* an die stampfenden Rhythmen von *Dave Dee, Dozy, Beaky, Mick & Titch* bei „Hold Tight", „You Make It Move" oder „Zabadak" und an den schrillen Habitus von *The Crazy World of Arthur Brown: I am the God of Hellfire and I bring you... -* Genau! Zudem wird der Beginn des neuen Jahrzehnts auch aus anderen Gründen zu einer Zäsur in der populären Musik: Der plötzliche Tod wesentlicher Protagonisten der *Roaring Sixties* wie *Brian Jones, Jimi Hendrix, Janis Joplin* oder *Jim Morrison* verunsichert die Hippie-Generation ebenso wie das blutige Ende des „Summer of Love" in der Hölle von Altamont. Der aufkommende Hardrock nimmt nur einen Teil der alten Fans mit – und dabei vor allem die männliche Klientel – und auch die ausufernden Kreationen des *Progressive, Psychedelic* und *Jazz Rock* können das Spaß- und Tanzbedürfnis vieler Jugendlicher nicht wirklich bedienen. Was sie wollen, benennt die sehenswerte Arte-Dokumentation „Glam Rock – verrückt, exzentrisch und von kurzer Dauer" so: glitzernde Pailletten und elektrisierende Sounds, Träume auf Plateausohlen, frei von politischen Inhalten. Rhythmisch eindeutige Single-Hits von drei oder vier Minuten Länge also, die mehr auf die Beine zielen als auf den Kopf. Und geradezu exemplarisch bedient hat diese Erwartungshaltung der 1947 als Sohn jüdischer Eltern in London geborene *Marc Feld* – besser bekannt unter seinem Künstlernamen *Marc Bolan.* Schon als Teenager spielte er Gitarre und Bass in diversen Schülerbands, verließ die Schule mit 14, lernte den gleichaltrigen *David Bowie* kennen und teilte dessen Vorliebe für die extravaganten Outfits der Londoner *Mods.* Seine Versuche, in der Folkszene Fuß zu fassen, brachten nur mäßigen Erfolg; dennoch schlug er 1967 die Möglichkeit, bei den *Small Faces* einzusteigen, in den Wind. Dafür gründete er im selben Jahr die Akustikformation *Tyrannosaurus Rex*, die stilistisch noch ganz in der Hippie-Kultur verwurzelt war.

1969 stieß *Mickey Finn* als Perkussionist dazu, und *Marc Bolan* hatte auch mit Lyrikveröffentlichungen und poetischen Geschichten erste Erfolge. 1970 dann die entscheidende Zäsur, zu der *Marc Bolan* selbst später in einem Interview sagte: *„Das Beste, was ich angesichts meiner musikalischen Grenzen machen konnte, war meine Musik stärker zu elektrifizieren".* Bolan griff also zur E-Gitarre, der Bassist *Steve Currie* und der etwas später hinzukommende Drummer *Bill Legend* gaben den Songs eine straffere Rhythmik, der Bandname wurde auf *T. Rex* verkürzt und das Blumenkinder-Outfit verschwand zugunsten von Feder-Boas und Frauenkleidern. Als *Bolan* sich dann für einen Auftritt in der TV-Sendung „Top Of The Pops"

auch noch Glitzersterne auf die Wangen klebte, war der Moment gekommen, diese Attitüden unter dem Begriff *Glam Rock* zusammenzufassen. Hier sind *T. Rex* live bei Konzerten, die in Japan offenbar unter etwas obskuren Bedingungen mitgeschnitten wurden, und ihrem Glam-Rock-Klassiker „Hot Love".

T. Rex: Hot Love

Mit „Ride A White Swan" hatte *Bolan* schon 1970 eine erste dem Glam Rock zuzurechnende Single veröffentlicht; der eigentliche Durchbruch gelang aber mit „Hot Love" und „Get It On", die 1971 kurz nacheinander an die Spitze der britischen Charts vorstießen. Damit wurde *Marc Bolan* endgültig zur Leitfigur dieser neuen Musikwelle, und dies auch optisch: *„ebenmäßige, androgyne Züge, wallende Lockenpracht, exaltiert-arrogantes Auftreten, weiche, leicht feminine Bewegungen, orgiastischer Gesangsstil"*[11] – so fasst es *Jens-Uwe Berndt* in der Zeitschrift *GoodTimes* treffend zusammen.

Der Erfolg war grandios, wenn auch von kurzer Dauer: *Bolan* gründete mit *Wizard Productions* sein eigenes Label, verkaufte in wenigen Jahren rund 40 Millionen Platten, machte sich auch als Musikjournalist einen Namen und bekam eine eigene Fernseh-Show, in der unter anderem *Bob Geldof, Billy Idol* und *David Bowie* zu Gast

---

[11] Berndt, Jens-Uwe: Glam Rock – Revolution zu Tribal-Drums unterm Paillettenbanner. In: GoodTimes 5/2021, Nr. 174, S. 14.

waren. 1977 dann das tragische Ende: *Bolans* Freundin *Gloria Jones,* eine US-amerikanische Sängerin und Songschreiberin und Mutter seines 1975 geborenen Sohnes, setzte ihren *Mini Cooper* gegen einen Baum – Beifahrer *Marc Bolan* war sofort tot, nur wenige Tage vor seinem 30. Geburtstag. *Gloria Jones* überlebte schwer verletzt; die Ursache des Unfalls wurde nie eindeutig geklärt; wahrscheinlich sei ein Reifenschaden, heißt es.

Hier in Erinnerung an *Marc Bolan* und seine wegweisende Bedeutung für den Glam Rock der frühen 1970er Jahre noch zwei seiner Single-Hits von *T. Rex* aus dieser Zeit: „Metal Guru" und „Telegram Sam", beide ebenfalls in Japan während der *Electric-Warrior-Tour 1971* aufgenommen – die bescheidene Tonqualität bitte ich zu entschuldigen. Aufschlussreich allerdings die Zwischenansage, in der *Marc Bolan* mit tradierten Geschlechterrollen spielt und den kreischenden Teenies in der Halle verkündet: *„Hey, ob es wohl stimmt, was sie jetzt sagen? Wusstet ihr, dass ich und Mickey (gemeint ist der Perkussionist Mickey Finn) verheiratet waren? Ihr habt's nicht gewusst, oder? Aber schaut uns doch mal an…"*

Und dazu schüttelt *Bolan* anzüglich seine dunkle Lockenpracht, was nicht nur die Mädchen im Saal hörbar zur Ekstase treibt…

T. Rex: Metal Guru / Telegram Sam

In ähnlicher Weise, wenn auch ästhetisch komplexer und konsequenter stilisiert, kommt der zweite frühe Star des Glam Rock daher: *David Bowie.* Der 1947 unter dem Namen *David Robert Jones* in London Geborene gefällt sich als androgynes Mischwesen, posiert in Frauenkleidern, schminkt sich auffällig und schreckt vor homosexuellen Anspielungen auf der Bühne nicht zurück – für den mit dem Model *Mary Angela Barnett* Verheirateten eine spielerische Attitüde, ebenso wie seine Verwandlung in *Ziggy Stardust,* jenes Weltraumwesen, dessen Aufstieg und Fall das 1972 erschienene *Bowie-*Album in theatralischer Form erzählt – der *Melody Maker* zählte das Album zu den wesentlichen popmusikalischen Meilensteinen der 1970er Jahre. Dabei hatte *Bowies* erste Liebe dem Jazz gegolten; er spielte bereits als Jugendlicher recht ordentlich Saxofon. Mit 17 veröffentlichte er eine Single, die floppte; mit 20 dann sein Album-Debüt, unter anderem mit „Space Oddity", jenem von *Stanley Kubricks* Film „2001 – Odyssee im Weltraum" angeregten Sternen-Trip des einsamen Astronauten *Major Tom.* Ein Achtungserfolg gelang *Bowie* 1971 mit dem von zahlreichen psychologischen Motiven und Fantasy- sowie Science-Fiction-Anspielungen geprägten dritten Album „The Man Who Sold The World" – auf dem Cover räkelt sich *Bowie* in der Pose einer Hollywood-Diva.

Der endgültige Durchbruch kam ein Jahr später mit dem erwähnten Konzeptalbum um *Ziggy Stardust* und die daran gekoppelte Welttournee, die die optischen und szenischen Grenzen bisheriger Rockkonzerte deutlich erweiterte. Zur selben Zeit produzierte *Bowie* mit seinen Kumpels *Ian Hunter* und *Mick Ralphs* sowie deren Band *Mott The Hoople* die LP „All The Young Dudes", die ein echter Überraschungserfolg wurde – das von *Bowie* geschriebene Titelstück nahm er selbst rasch ins eigene Konzertprogramm auf.

1974 erschien auf *RCA Victor* das im Juli desselben Jahres bei zwei Konzerten im *Tower Theatre Philadelphia* aufgenommene Doppelalbum „David Live" – in seiner

Band unter anderem der großartige Saxofonist *David Sanborn*. Daraus jetzt „All The Young Dudes" sowie „Rock'n'Roll Suicide", jener Titel also, der das Konzert ebenso wie den Songzyklus um *Ziggy Stardust* abschließt.

David Bowie: All The Young Dudes / Rock'n'Roll Suicide

Als Wegbereiter und Protagonist des britischen Glam Rock agierte *David Bowie* deutlich komplexer als *Marc Bolan* – bei *Bowie* sind diverse stilistische Anleihen von Chanson bis Hard Rock erkennbar, und seine weitere Entwicklung bis zu seinem Tod 2016 hat ja bestätigt, dass für ihn diese frühe Phase nur ein – wenn auch zweifellos prägendes – Durchgangsstadium gewesen ist.

In den späten Siebzigern hatte *Bowie* sein Domizil in Berlin-Schöneberg aufgeschlagen, gleich nebenan wohnte *Iggy Pop,* und beide waren häufig in den angesagten Szene-Schuppen der Frontstadt unterwegs. *Bowies* Ausflüge ins Schauspielgeschäft waren dagegen nur mäßig erfolgreich.

Schon 1996 ist *Bowie* in die *Rock and Roll Hall of Fame* aufgenommen worden; der *New Musical Express* hat ihn im Jahr 2000 zum einflussreichsten Popmusiker aller Zeiten gekürt – die Ernennung zum *Knight Commander of the British Empire,* verbunden mit dem Adelstitel, hat der Feingeist 2003 allerdings abgelehnt.

Kommen wir nun zu *Mott The Hoople,* vorhin bereits erwähnt – die britische Band hatte sich 1969 in London gegründet, als *Ian Hunter* auf eine Zeitungsanzeige hin als Sänger zur bereits bestehenden Band *Silence* des Gitarristen *Mick Ralphs* stieß. Mit diversen Coversongs von *Bob Dylan,* den *Kinks* oder *Procol Harum* perfektionierten sie zunächst *die Praxis des musikalischen Diebstahls,* wie der *Rolling Stone* seinerzeit befand. Ihr Höhepunkt, mit dem sie dem Glam Rock auch musikalische Glanzlichter aufsetzten, war dann zweifellos die von *David Bowie* produzierte LP „All The Young Dudes" – *Bowies* Titelsong bezieht sich ja auf die auffällig gut gekleideten jungen Männer in den Metropolen, die in London der urbanen Szenekultur der *Mods* zuzurechnen waren. Auf der Bühne allerdings inszenierten *Mott The Hoople* gern einen regelrechten Mummenschanz mit Pelzen, Boas und Hüten, bunten Schlaghosen und riesigen Marionetten. Von ihrer 1974 bei CBS erschienenen Live-LP habe ich als Vergleich mit *Bowies* Fassung noch einmal „All The Young Dudes" ausgewählt. Davor noch „Sucker", das *Ian Hunter* und *Mick Ralphs* gemeinsam geschrieben haben.

Mott The Hoople: Sucker / All The Young Dudes

Mott The Hoople, die einstige Glam-Rock-Band um *Ian Hunter* und *Mick Ralphs,* die auch nach der Trennung und Neubesetzung der Band in den Jahren 1975/76 erfolgreich im Musikgeschäft unterwegs waren – *Hunter* stellte mehrfach eigene Bands zusammen und arbeitete vor allem mit dem Gitarristen *Mick Ronson* zusammen, der – von *David Bowie* kommend – kurzzeitig noch bei *Mott The Hoople* eingestiegen war, dann aber gemeinsam mit *Ian Hunter* eigene Wege eingeschlagen hatte – 1980 waren sie Seite an Seite im *WDR-Rockpalast* zu erleben. Gitarrist *Mick Ralphs* war da schon längst zu *Bad Company* gewechselt, um mit den Resten der einstigen *Free* um Sänger *Paul Rodgers* eine neue Weltkarriere zu starten. *Ian Hunter* ist inzwischen 82 Jahre alt; nach dem Krebstod seines Kumpels *Mick Ronson* im Jahr 1993 mischte er immer mal wieder bei Studioproduktionen befreundeter Musiker – von *Clarence Clemons* über *Jaco Pastorius* bis *David Bowie* – mit und veröffentlichte auch noch ein paar Solo-Platten, die aber kaum breitere Beachtung fanden.

Zurück zum Glam Rock der frühen 1970er Jahre und einer Band, die da natürlich nicht fehlen darf: *The Sweet!* Und da scheiden sich dann wohl auch die geschmacksgesteuerten Geister unter euch (und ich will mich da gar nicht ausnehmen): tiefe Verachtung auf der einen Seite, enthusiastische Verehrung auf der anderen. Ende der 1960er Jahre war die britische Band in der Provinz als Tanzcombo gestartet. 1970 erhielt sie die Chance erster Produktionen, bei denen allerdings studioerfahrene Profis den wenig versierten Bandmitgliedern unter die Arme greifen mussten. *„Vor Konzerten verwendeten die Musiker mehr Zeit aufs Make-Up als auf das Stimmen der Instrumente",* ätzt *Siegfried Schmidt-Joos* in seinem Rocklexikon.

Zudem interpretierten Sänger *Brian Connolly, Andy Scott* an der Gitarre, Bassist *Steve Priest* und *Mick Tucker* am Schlagzeug anfangs ja kaum eigene Songs; ihre Titel bekamen sie über ihr Management von *ChinniChap* geliefert. Unter dieser griffigen Marke fungierten die Songschreiber *Nicky Chinn* und *Mike Chapman* als führende Hitlieferanten des Glam Rock; 1973/74 hatten sie 19 Titel mit diversen Interpreten in den britischen Top 40, darunter fünf Nummer-Eins-Hits! Für *The Sweet* ging das los mit „Funny Funny", „Co-Co" oder „Wig-Wam Bam" und reichte bis „Ballroom Blitz" und „Block Buster"; allesamt Songs, die in wenigen markigen Worten genau den (Allmachts-)Phantasien der Glitzer-Stars Ausdruck verliehen. *„Dutzendware vom Fließband"*, meint *Lutz Stolberg*, und *„Bubblegum-Ohrwürmer, die sich leicht wieder vergessen lassen"*, nennen es *Joachim Deicke*

und *Burghard Rausch* in „Die Rockjahre", einer durchaus unterhaltsamen Kulturgeschichte im handlichen Taschenbuch-Format. Wer sich daran nicht erinnern kann (oder will?), dem soll geholfen werden: Hier sind *Sweet* live mit „Ballroom Blitz" und „Block Buster" – aufgenommen Ende Dezember 1973 im Londoner *Rainbow Theatre*.

Sweet: Ballroom Blitz / Blockbuster

Glam Rock ohne Wenn und Aber, und *Sweet* zählten mit ihren maßgeschneiderten Chartstürmern sicher zu den erfolgreichsten Protagonisten jener Jahre – auch wenn das eben gehörte „Blockbuster" der einzige wirkliche Nummer-Eins-Hit der Band in ihrer britischen Heimat war. Allerdings sahen sich die vier androgynen Bubis, als die sie *Joachim Deicke* und *Burghard Rausch* etikettierten, selbst keineswegs nur als Interpreten der von *Chinn* und *Chapman* maßgeschneiderten Songs. Eher wollten sie eine ernstzunehmende Hardrock-Band werden, eigenes Material spielen, und tatsächlich konnten sie Mitte der 1970er Jahre aus ihrem ursprünglichen Plattenvertrag aussteigen und sich größere künstlerische Freiheit sichern. Mit „Fox On The Run" von der LP „Desolation Boulevard" kletterte erstmals ein eigener Song an die Spitze der bundesdeutschen Charts. Darüber, dass das musikalische Potenzial des Quartetts dennoch stets begrenzt blieb, konnte auch die härtere Gangart nicht hinwegtäuschen, und zum Ende der 1970er Jahre hin sank der Stern von *Sweet*, sicher auch durch die zunehmende Alkoholsucht von *Brian Conolly* begünstigt, unaufhaltsam. Es gab diverse Umbesetzungen, Trennungen, Comebackversuche und zeitweise gar mehrere konkurrierende *Sweet*-Ausgaben nebeneinander. Zuletzt hielt der einzig

Überlebende der Urbesetzung, Gitarrist *Andy Scott,* noch immer trotzig die *Sweet*-Flagge hoch; Sänger *Brian Conolly* starb schon 1997 an Nierenversagen; Schlagzeuger *Mick Tucker* war 1991 ausgestiegen und erlag 2002 seiner Leukämie-Erkrankung, und Bassist *Steve Priest,* der sich nach *Conollys* Abgang 1979 den Gesangspart mit *Andy Scott* geteilt hatte, ist 2020 in seiner Wahlheimat USA verstorben. Wer von euch auf Hardcore steht, kann sich mal Bilder von *Sweet* aus ihrer späten Zeit im Netz anschauen – aufgedunsene und zur Zwangsjugend verdammte Greise, das ist wirklich nicht sehr schön anzusehen…

Hier nun als Erinnerung an ihre besseren Zeiten zwei Songs aus der eigenen Quartett-Feder: Das bereits erwähnte „Fox On The Run" und davor noch „Action" mit testosterongeschwängerter Hardrock-Attitüde, aufgenommen im Londoner *Marquee-Club.*

Sweet: Action / Fox On The Run

Eine Band, der man die härtere Gangart schon eher abnahm, waren die britischen *Slade,* die gegen Ende der 1960er Jahre zunächst aggressive Skin-Musik gespielt hatten, ehe sie ihr Manager *Chas Chandler,* Ex-Bassist der *Animals* und dereinst Entdecker von *Jimi Hendrix,* zur stilistischen Anpassung an den Zeitgeist überreden konnte. Frontmann *Noddy Holder,* 1946 geboren, und seinen Mitstreitern brachte der Umstieg auf Fantasy-Kostüme, die an die Charaktere von *Stanley Kubricks* gerade erschienenen Kultfilm „Clockwork Orange" erinnerten, quasi über Nacht den Erfolg. „Play It Loud" war das stimmige Motto ihrer 1970er LP, fortgesetzt dann durch den 72er Longplayer „Slayed?", der in den britischen Album-Charts bis auf Platz Eins stieg, was der Band in den Single-Charts dann immerhin sechs Mal gelang – zur Erinnerung: *Sweet* hatten in England lediglich mit „Blockbuster" einmal die Spitzenposition inne!

Hier nun der mit viel äußerlichem Mummenschanz aufgebrezelte Hardrock a la *Slade:* „C'Mon Feel The Noize" und „Mama Weer All Crazee Now" – schon in der Schreibweise der Titel schwingt eine gehörige Portion Slang mit…

Slade: C'Mon Feel The Noize / Mama Weer All Crazee Now

Neben dem Sänger und Gitarristen *Noddy Holder* standen in der erstaunlich stabilen Erfolgsbesetzung von *Slade* Leadgitarrist *Dave Hill, Jimmy Lea* am Bass und Schlagzeuger *Don Powell* auf der Bühne. In den 80ern ging es dann abwärts für *Slade;* nachfolgend gab's einige Revivals, und wo heute *Slade* draufsteht, ist nur noch ein Viertel Original drin: *Dave Hill* ist hin und wieder noch immer unter der *Slade*-Flagge bei Oldie- und Hardrock-Festivals zu erleben.

Im Gegensatz zu *Sweet* hatten *Slade* auch in den USA einigen Erfolg – ihr Hardrock klang in den Ohren der amerikanischen Fans wohl doch etwas authentischer als die aufgeblasenen Teeny-Attitüden der Jungs um *Brian Conolly*. Dass Glam Rock mitunter auch als *Glitter Rock* bezeichnet wird, ist neben dem Glitzer-Outfit vieler Protagonisten wohl vor allem ihm zu verdanken: *Paul Francis Gadd,* 1944 in England geboren und unter seinem Künstlernamen *Gary Glitter* zu kurzzeitiger Popularität gelangt. Er zerdonnere den *„Rock'n'Roll mit einem Umm-Pah-Schlagzeug, das die Erfindung der monotonen Rhythmus-Maschine vorwegnimmt",* befinden *Deicke* und *Rausch* – dafür sorgten gleich zwei Drummer in der *Glitter*-Band. Und wo schon *Sweet* ihrem Publikum *keine Texte mit mehr als zwanzig Wörtern zumuteten,* wie der Kommentar der Arte-Dokumentation von *Christoph Conte*

 feststellt, da bleibt *Gary Glitters* Poesie noch deutlich drunter. Hier ist er mit „Rock'n'Roll Part One", einem seiner Diskothekenfeger, aufgenommen bei einer Oldie-Show in Glasgow am Heiligabend des Jahres 1988 und ergänzt durch die Klassiker „Good Rockin' Tonight" und „Baby Let's Play House".

Gary Glitter: Rock'n'Roll Part One

„Seine pompösen Auftritte in der Pose des Rockstars, mit bis zum Bauchnabel offen getragenem, mit Pailletten besticktem Hemd und breiten Koteletten wirkten häufig wie eine Persiflage auf Elvis Presley"; dieser auf *Wikipedia* nachzulesenden Beschreibung ist wenig hinzuzufügen außer dem unrühmlichen letzten Kapitel des einstigen Stars, der 2015 nach diversen einschlägigen Vortrafen schließlich zu 16 Jahren Haft wegen Kindesmissbrauchs verurteilt wurde; seit 2018 sitzt er im Spezialknast „The Verne" auf der britischen Kanalinsel *Isle of Portland* ein.

Kommen wir zu erfreulicheren Erscheinungen des Glam oder Glitter Rock, die zudem belegen, dass musikalisch keineswegs nur einfallslos stampfende Rhythmen und simple Stube-Kammer-Küche-Harmonik angesagt waren. Ganz im Gegenteil – bei *Roxy Music* konnten *„sich auch die ernsteren Rock-Fans einklinken",* wie *Deicke* und

Rausch befinden: „*Mit Straß und Federboas bietet das Quintett eine wilde Mixtur aus den Versatzstücken von allem bisher Dagewesenen"*, lesen wir da, und *Siegfried Schmidt-Joos* lobt: „*In der durch einen Mangel an überzeugenden musikalischen Ideen gekennzeichneten Saison 1972/73 wirkte die Roxy Music außerordentlich erregend"*.

Musikalische Professionalität auf der einen Seite, auf der anderen eine alle Genregrenzen sprengende Kreativität, gemixt mit überraschenden Einfällen, schrägen Ideen und einem Habitus, dessen kitschige Geschmacklosigkeit schon wieder einen eigenen Stil ergab. Im Zentrum der Band die Keyboarder *Brian Ferry*, der auch den Solopart am Mikrofon übernahm, und *Brian Eno*, ein ausgewiesener Elektronik-Spezialist. Dazu der versierte *Phil Manzanera* an der Gitarre, *Rik Kenton* am Bass und *Paul Thompson* am Schlagzeug, sowie – nicht zu vergessen – *Andy Mackay* an diversen Blasinstrumenten; er hatte tatsächlich zuvor als klassischer Oboist im *London Symphony Orchestra* Werke von *Händel, Beethoven* und *Benjamin Britten* gespielt.

Da kam also einiges zusammen in diesem Londoner Sextett, dessen eklektizistischer Kunst-Rock wohl nur äußerlich dem Glam Rock zuzurechnen ist, auch wenn *Roxy Music* in der Popmusikgeschichte stets als deren Protagonisten gelten werden. Hier sind sie live von der im Jahr 1976 erschienenen Konzertplatte „VIVA!" – zum Zeitpunkt der Aufnahmen war *Brian Eno* schon nicht mehr dabei, für ihn bediente nun *Edwin Jobson* den Synthesizer, und auch der Bassist *Rik Kenton* war ausgestiegen und durch *John Wetton* ersetzt

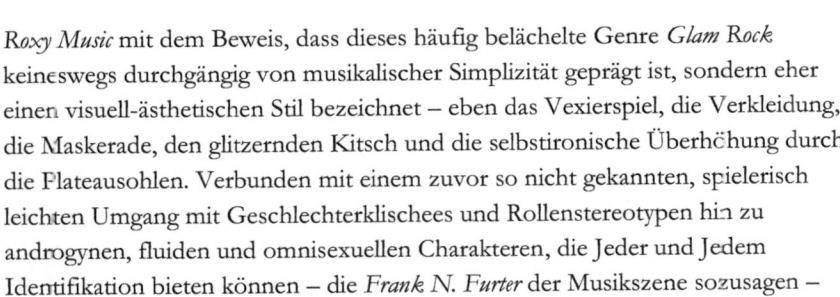

worden – der 2017 verstorbene Brite war in seiner langen Karriere unter anderem Mitglied bei *King Crimson, Uriah Heep, Wishbone Ash* und *Asia*. *Roxy Music* also – „Out Of The Blue" und "Both Ends Burning".

Roxy Music: Out Of The Blue / Both Ends Burning

Roxy Music mit dem Beweis, dass dieses häufig belächelte Genre *Glam Rock* keineswegs durchgängig von musikalischer Simplizität geprägt ist, sondern eher einen visuell-ästhetischen Stil bezeichnet – eben das Vexierspiel, die Verkleidung, die Maskerade, den glitzernden Kitsch und die selbstironische Überhöhung durch die Plateausohlen. Verbunden mit einem zuvor so nicht gekannten, spielerisch leichten Umgang mit Geschlechterklischees und Rollenstereotypen hin zu androgynen, fluiden und omnisexuellen Charakteren, die Jeder und Jedem Identifikation bieten können – die *Frank N. Furter* der Musikszene sozusagen –

nicht von ungefähr fällt ja der Durchbruch der „Rocky Horror Picture Show" genau in diese Zeit: 1975 kam das zuvor bereits erfolgreiche Musical von *Richard O'Brien* auf die Leinwand.

Ein Star der sozusagen zweiten Staffel der britischen Glam-Rock-Szene darf in dieser Sendung nicht fehlen: Der Sänger, Gitarrist und Songschreiber *Steve Harley*. Das mit seiner Band *Cockney Rebel* live eingespielte Album mit dem aufschlussreichen Titel „Face To Face" zeigt den Künstler denn auch in verschiedenen Inkarnationen – so als Dandy ganz in Weiß oder als Clown mit roter Knollennase.

Geboren wurde *Steve Harley* als *Steven Nice* 1951 in London; er ist Anfang dieses Jahres also 70 geworden und erfreut sich guter Gesundheit, soweit man das von jemandem sagen kann, der in früher Kindheit an Kinderlähmung erkrankte und dessen Leben sich bis zum 14. Lebensjahr hauptsächlich in Kliniken abspielte. Die Musik erreichte ihn auch dort; er lernte Klavier und Gitarre und wurde von der Mutter, einer ehemaligen Jazzsängerin, in seinen Ambitionen bestärkt.

1972 gründete *Steve Harley* die Band *Cockney Rebel,* die in häufig wechselnder Besetzung agierte, und veröffentlichte zunehmend erfolgreiche Platten, an deren Qualität auch der bekannte Produzent *Alan Parsons* seinen Anteil haben dürfte.

Mit „Make Me Smile (Come Up And See Me)" fand er sich 1975 schließlich auf Platz Eins der britischen Single-Charts wieder; „Mr. Soft" hatte es im Jahr zuvor

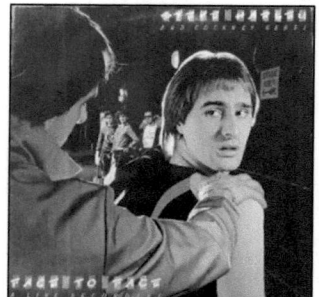

immerhin bis auf Platz Acht geschafft. Beide Songs hören wir nun vom vor genau 45 Jahren bei einer England-Tour aufgenommenen Livealbum „Face To Face", das – wenn auch oft unterschätzt – zumindest meiner Meinung nach zu den besten Konzertplatten der Rockgeschichte gehört.

Steve Harley: Mr. Soft / Make Me Smile

Mit *Steve Harley,* dem noch heute musikalisch aktiven britischen Songwriter, sind wir auch am Schluss dieser *LiveRillen*-Ausgabe angekommen.

Dass Glam Rock ein fast reines englisches Phänomen war, ist sicher deutlich geworden – alle bisher gehörten Protagonisten hatten ihre biografischen wie musikalischen Wurzeln auf der Insel. Ganz zum Schluss eines der wenigen Beispiele, dass Glam oder Glitter Rock zumindest zeitweise auch in den USA Fuß fassen konnte: *Alice Cooper.* Zunächst Name eines Quintetts, das sich 1966 in Arizona gegründet hatte, um im Dunstkreis von *Frank Zappa* und seinen *Mothers Of Invention* die prüden Amis mit provokanten Anspielungen auf Bisexualität,

Homoerotik und Sado-Maso-Praktiken zu schockieren. Im Zentrum der Band der 1948 in Detroit geborene *Vincent Damon Furnier,* der als Sänger gern in diverse dämonische Rollen schlüpfte und sein finsteres Outfit schon mal mit Glitzer und Tand ironisierte. Der *Stereo Review* sah in der Band und ihrem Frontmann die *„düstere Alternative zu Grand Funk Railroad",* und *Joachim Deicke* und *Burghard Rausch* konstatieren: *„Alice Cooper … spielt den ,Bad Guy' der Saison, küsst Python-Schlangen und zerhackt kleine Baby-Puppen auf offener Bühne mit dem Schlachtemesser".*

Nun gut – Glam Rock klingt ansonsten eigentlich etwas lustiger – als Schlusspunkt der Sendung aber nun doch der *Alice-Cooper*-Schlachtruf aus dem Jahr 1972: „School's Out" funktionierte für das Teenie-Publikum weltweit. Danach noch ein paar Takte von „Billion Dollar Babies".

Die nächste Sendung bietet im Januar eine bunte Geburtstagsmischung: *Beth Hart* wird ihr halbes Jahrhundert vollenden, *John McLaughlin* wird 80 Jahre alt, und der Schwede *Björn Afzelius,* leider früh verstorben, hätte das im Januar auch geschafft.

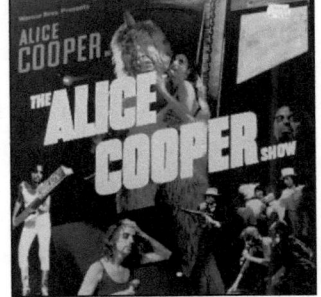

Bis dahin alles Gute, bleibt gesund und optimistisch angesichts düsterer Zeiten (ein paar Kerzen im Advent mildern da sicher manches), und kommt gut rein ins Neue Jahr…

Alice Cooper: School's Out / Billion Dollar Babies

Quellen:

- David Bowie: David Live, Do.-LP, RCA, 1974
- Alice Cooper: The Alice Cooper Show, LP, Warner Bros., 1977
- Gary Glitter's Gangshow: Mega-Glitter-Rock-A-Live, 12"-Single, Castle, 1986
- Steve Harley & Cockney Rebel: Face To Face, Do.-LP, EMI, 1977
- The Kinks: One For The Road, Do.-LP, Arista, 1980
- Mott The Hoople: Live, LP, CBS, 1974
- Roxy Music: Viva!, LP, Polydor, 1976
- Slade: Alive! + Vol. Two, Do.-LP, Polydor/Barn Records, 1972/78
- The Sweet: The Rainbow / Live In The UK 1973, Do.-LP, RCA/Sony Music, 2017
- The Sweet: Live at the Marquee (1989), Do.-LP, SPV Records, 1989
- T. Rex: In Concert, LP, TRASH/TRIO RECORDS/MARC RECORDS, 1981

- Berndt, Jens-Uwe: Glam Rock – Revolution zu Tribal-Drums unterm Paillettenbanner. In: GoodTimes 5/2021, Nr. 174.
- Conte, Christoph: Glamrock – verrückt, exzentrisch und von kurzer Dauer. TV-Dokumentation, ARTE France, 2019.
- Stolberg, Lutz: Das Oldie-Buch / Die 70er. Projekte-Verlag, Halle, 2009.
- Deicke, Joachim/Rausch, Burghard: Die Rockjahre. Musik, Politik, Moden, Trends, Kulte, Stars, Fakten, Tendenzen, Daten. Ullstein, 1987.

No. 46: John McLaughlin | Björn Afzelius | Beth Hart

(Januar 2022)

2022 – auf geht's in ein neues Jahr. Möge es ein gutes, ein wieder halbwegs normales Jahr werden, in dem wir dieses kleine, stachlige Kugelmonster und all seine Mutanten mit Vernunft und Solidarität gemeinsam in den Griff bekommen. Die Möglichkeit, großartige Künstlerinnen und Künstler wieder live im Konzert zu erleben, sollte uns das allemal wert sein!

Den kleinen Ersatz für das eigentliche Liveerlebnis wird weiterhin diese Sendung bieten – getreu ihrem Motto: *„Der analoge Hörgenuss im digitalen Zeitalter!"*

Für diesen sorgen im ersten Teil zwei Herren, deren 80. Geburtstage anstehen – auch wenn der eine diesen leider nicht mehr feiern kann. Zu ihm komme ich später.

Der andere jedenfalls konnte sich bei guter Gesundheit bereits beglückwünschen lassen – am 4. Januar ist *John McLaughlin* 80 Jahre alt geworden. 1942 in Kirk Sandall im britischen County Yorkshire geboren, lag für ihn eine Musikerkarriere nahe: Seine Mutter war selbst eine hervorragende Violinistin, und so spielte bereits der Siebenjährige ganz passabel Geige und Klavier.

Mit 11 Jahren infizierten ihn diverse Bluesplatten, er griff zur Gitarre, galt mit 14 als Improvisationstalent und wurde mit 16 Berufsmusiker. In der britischen Bluesszene der frühen 1960er Jahre spielte er mit allem, was da Rang und Namen hatte: *Alexis Korner, Georgie Fame, Graham Bond, Brian Auger*. Sein außergewöhnliches Talent blieb auch im Mutterland des Blues nicht verborgen; auf *Miles Davis'* legendärem Meilenstein „Bitches Brew" ist er zu hören, aber auch *Wayne Shorter* oder *Larry Coryell* begegnete er, und das stets auf Augenhöhe.

1969 – da war er 27, ein gefährliches Alter für Rockmusiker, wie wir seit *Robert Johnson, Brian Jones, Jimi Hendrix* oder *Janis Joplin wissen* – gab er seinem Leben eine neue, spirituelle Richtung: *John McLaughlin* wurde nach einem Indien-Trip überzeugter Hinduist und Vegetarier und lebte fortan als *Mahavishnu* auch in Bezug auf Alkohol, Nikotin und Drogen abstinent. Vielleicht sieht er deshalb noch heute so beneidenswert frisch aus – ich habe ihn 2019 gemeinsam mit seiner Band *The 4th Dimension* in Leipzig erlebt und war nicht nur von seiner Gitarrenkunst fasziniert!

Die genießen wir nun auch als musikalischen Einstieg in die heutigen LiveRillen – hier ist *John McLaughlin* mit seiner ersten eigenen Formation, dem 1971

gegründeten *Mahavishnu Orchestra,* und der „Trilogy" aus „The Sunlit Path", „La Mere De La Mer" und „Tomorrow's Story Not The Same", aufgenommen im August 1973 im Londoner *Central Park* – ein echtes Wechselbad der musikalischen Gefühle!

Mahavishnu Orchestra: Trilogy

John McLaughlin und das *Mahavishnu Orchestra* gehörten zu Beginn der 1970er Jahre zur allerersten Riege der internationalen Fusion-Szene: *Jan Hammer* an Piano und Synthesizer, der 1977 auch ein fulminantes Livealbum mit *Jeff Beck* herausbringen wird; als Rhythmusgruppe der in Irland geborene und inzwischen in Australien lebende *Rick Laird* am Bass – er wurde später ein bekannter Fotograf und ist im Sommer des letzten Jahres 80jährig verstorben – sowie *Billy Cobham* am Schlagzeug; der 1944 in Panama Geborene hatte auch schon auf „Bitches Brew" den Takt vorgegeben und im Laufe seiner bis heute dauernden Karriere mit zahlreichen Größen des Jazz und Rock gespielt, ich nenne nur die Gitarristen *Larry Coryell, John Abercrombie, Tommy Bolin, John Scofield* und *George Benson* oder den Jazzbassisten *Stanley Clarke.* Nicht zu vergessen: *Jerry Goodman* an der Violine – in diesem Jahr wird es übrigens noch eine LiveRillen-Ausgabe zum Thema „Die Geige in Rock und Blues" geben.

Diese erste und zweifellos beste Besetzung des *Mahavishnu Orchestra* war 1974 Geschichte. *John McLaughlin* war zeitweise zum Guru, zum Messias gar mutiert und schier unerträglich geworden, wie *Billy Cobham* konstatierte, auch wenn in dieser Zeit immerhin das gemeinsame Album „Love, Devotion, Surrender" mit *Carlos Santana* entstand.

1976 erfolgte die Abkehr *McLaughlins* von diesem göttlichen Trip; er legte den Namen *Mahavishnu* ab, löste die Band auf und wandte sich der akustischen Gitarre zu. Genau dadurch wurde er nun einem breiten Publikum über die Jazzrock-Szene hinaus bekannt – vor allem durch seine Ausflüge in hochkarätige Trio-Gefilde, und geradezu legendär ist seine mehrjährige Zusammenarbeit mit dem andalusischen Flamenco-Spezialisten *Paco De Lucia* und dem in *Chick Coreas* Fusion-Band *Return To Forever* als Jazzrock-Gitarrist gereiften *Al Di Meola,* die in jener Freitagnacht in San Francisco kulminierte, in der das gleichnamige Livealbum aufgenommen wurde: genau am 5. Dezember 1980 im *Warfield Theatre* der kalifornischen Metropole.

„Schlichtweg atemberaubend" schwärmt *Werner Sellhorn,* der DDR-Jazzexperte schlechthin, auf dem Cover der 1982 auch bei *AMIGA* veröffentlichten Platte, aus der ich die „Fantasia Suite" ausgewählt habe, eine Komposition von *Al Di Meola.*

Da sitzen diese drei Giganten im lockeren Halbkreis auf der Bühne und entfachen ein Feuerwerk, das seinesgleichen sucht. Wer es ganz genau haben will: *Paco De Lucia* ist im linken Kanal zu hören, *Al Di Meola* ganz rechts, und *John McLaughlin* kommt demzufolge aus der Mitte des Stereo-Klangbildes.

Meola/McLaughlin/Lucia: Fantasia Suite

„Friday Night In San Francisco", das Gipfeltreffen dreier herausragender Gitarristen, fand 1983 mit der LP „Passion, Grace & Fire" gleich noch einen beachtlichen Nachfolger. Beide Alben verkauften sich weltweit millionenfach. Kein Wunder, dass *John McLaughlin, Paco De Lucia* und *Al Di Meola* Mitte der 1990er Jahre mit „The Promise" und „The Guitar Trio" zwei Fortsetzungen folgen ließen.

Michael Naura, selbst ein herausragender Jazzpianist und als jahrzehntelanger NDR-Musikredakteur sicher der bekannteste Jazz-Journalist der alten Bundesrepublik, schrieb damals: *„Auch wenn er gelegentlich wie ein Überschall-Gitarrist wirkt, ..., so ist doch auch der stille McLaughlin unüberhörbar und höchst eindrucksvoll. Er lässt Musik bis in die Tiefen der Seele sinken, besänftigt das Herz und vermittelt ‚intellektuelle Askese und höchste Bewusstheit', wie sie Albert Camus für das Schreiben verlangt"* – das kann man kaum treffender ausdrücken und gilt noch heute für den nunmehr 80Jährigen.

Ich gehe aber nochmal zurück in die große Zeit des *Mahavishnu Orchestra:* Auf der Liveplatte „Between Nothingness & Eternity" findet sich die *Jan-Hammer-*Komposition „Sister Andrea", die eine kräftige Prise Bluesrock enthält und *John McLaughlin* auch als Meister auf der elektrisch verstärkten Gitarre ausweist.

Mahavishnu Orchestra: Sister Andrea

Nach der Auflösung des *Mahavishnu Orchestra* zeigte sich der Gitarrist immer wieder fasziniert von kleineren Besetzungen, in denen er seine souveräne Virtuosität frei entfalten konnte. Und mit einem derartigen Trio will ich dieses Kapitel für heute schließen.

John McLaughlin spielt hier mit dem deutsch-amerikanischen Bassisten *Kai Eckhardt-Karpeh de Camargo* zusammen. Der 1961 in Mainz Geborene kam erst mit 15 Jahren zum Bass, dann aber gleich richtig: Er studierte das Instrument am *Berklee College Of Music* in Boston, bekam dort anschließend einen Lehrauftrag und lebt seitdem in den USA. Neben seiner Mitwirkung im *John McLaughlin Trio* taucht sein Name bei zahlreichen Jazz- und Fusionproduktionen auf, so im Zusammenhang mit *Randy Brecker* und *Stanley Clarke, Billy Cobham* oder *Aziza Mustafa Zadeh.*

Das Trio komplettiert der indische Perkussionist *Trilok Gurtu,* 1951 in Bombay, dem heutigen Mumbai, geboren. Er wuchs in einer hochmusikalischen Familie auf, zunächst freilich in der reichen indischen Tradition, doch seit den 1970er Jahren erschloss sich ihm auch der Kosmos der westlichen Musik, insbesondere des Jazz. Saxofonist *Charlie Mariano* war der erste weiße Musiker, mit dem *Trilok Gurtu* auftrat. 1977 kam er nach Deutschland und spielte hier eine Zeitlang mit der für Weltmusik stets offenen Krautrock-Band *Embryo* zusammen. Weitere Stationen waren *Pat Metheny, Joe Zawinul, Annie Lennox, Ralph Towner, Steve Lukather* und eben *John McLaughlin.*

Kleine Randnotiz: Als *Gurtu* – noch unbekannt – selbst beim *Berkeley College Of Music* anklopfte, wurde er dort abgelehnt. Später bot das renommierte Musikinstitut dem inzwischen zum Star Avancierten die Ehrenmitgliedschaft an – nun lehnte *Trilok Gurtu* dankend ab… So kann's laufen.

Das *John McLaughlin Trio* gastierte jedenfalls im Herbst 1989 in der Londoner *Royal Festival Hall.* Vom 1990 auf Vinyl veröffentlichten Konzertmitschnitt jetzt die *Miles-Davis-*Komposition „Blue In Green" – als Trioversion von *John McLaughlin, Kai Eckhardt* und *Trilok Gurtu.*

John McLaughlin Trio: Blue In Green

Soweit meine Gratulation an *John McLaughlin* zum 80. Geburtstag – mögen noch viele kreative Jahre folgen. Seit 2009 ist der Ausnahmegitarrist als Kopf des Quartetts *The 4th Dimension* unterwegs, und vielleicht führt ihn eine seiner nächsten Konzertreisen trotz Corona auch wieder nach Deutschland…

Nun zu *Björn Afzelius.* In der Juni-Sendung des Vorjahres (vgl. S. 13ff) habe ich bereits einige Titel des schwedischen Songschreibers, Sängers, Gitarristen und Politaktivisten zu Gehör gebracht – sein 80. Geburtstag am 27. Januar bietet

Gelegenheit, nochmals an den 1999 dem Lungenkrebs erlegenen starken Raucher zu erinnern. In Skandinavien genießt er bis heute einen geradezu legendären Ruf, wie ich bei vielen Gesprächen mit Freunden in Dänemark und Schweden erleben konnte.

Aufgewachsen ist *Afzelius* in Huskvarna, und Musik spielte – vor allem durch die Mutter – in der Familie eine wichtige Rolle, nicht von ungefähr ist der fünf Jahre jüngere Bruder *Bengt* Musiklehrer geworden. *Björn* bekam seine erste richtige Gitarre – eine *Hagström* –1964 von seinem Vater. Er spielte zunächst in einigen regionalen Coverbands, bevor er 1970 gemeinsam mit dem Songschreiber, Sänger und Gitarristen *Mikael Wiehe* die Polit-Rock-Gruppe *Hoola Bandoola* aus der Taufe hob, die in den politisch bewegten frühen 70ern rasch große Popularität in Skandinavien erlangte und in der *Björn Afzelius* bis 1975 aktiv war. Die enge Freundschaft mit *Mikael Wiehe* überdauerte auch die nachfolgenden Jahre – Wiehe sang zur Beisetzung des Freundes 1999 an dessen Grab ein autobiografisches Lied, das *Afzelius* sich kurz vor seinem Tod eigens zu diesem Anlass noch selbst geschrieben hatte.

1974 war die erste Solo-LP von *Björn Afzelius* unter dem Titel „Wer hat Angst?" erschienen – erster Song war „Tiden Förändras" – Die Zeiten ändern sich. Den hören wir jetzt vom Live-Album „Danska Nätter", aufgenommen 1982 bei einer Tour durch Dänemark, die *Afzelius* gemeinsam mit seiner neuen Band, den *Globetrotters*, absolvierte. Gleich danach der Song „Klasslåt" über die Klassengesetze, die die Gesellschaft und den Einzelnen prägen: *„Die Klassengesetze kommen von klein auf ins Spiel, / Manche haben es hell und schön / Andere werden in den Dreck abgeschoben / Die Klassengesetze folgen einem ein Leben lang / Schau dir diese soziale Ordnung an / Wer macht es richtig / Und wer bekommt nichts?"*

Björn Afzelius: Tiden Förändras / Klasslåt

Politisch war *Björn Afzelius* bekennender, doch keineswegs unkritischer Sozialist. Er unterstützte den 1986 ermordeten sozialdemokratischen Ministerpräsidenten *Olof Palme* im Wahlkampf und begeisterte sich für den kubanischen Sozialismus und die revolutionären Bewegungen in Mittel- und Südamerika, wandte sich aber auch gegen die zunehmenden diktatorischen Tendenzen im Kuba *Fidel Castros*. Im Laufe seiner Karriere schrieb *Afzelius* etwa 150 eigene Songs und verkaufte über zweieinhalb Millionen Alben, daneben gab es aber in seinem Repertoire auch etliche Coversongs, die er mit schwedischen Texten ausstattete und die seine musikalischen Leitfiguren anzeigen, als da wären *Bob Dylan, Robbie Robertson, Chuck Berry, Eric Clapton* oder der kubanische Liedermacher *Silvio Rodríguez.*

Ein *Dylan*-Song findet sich auch im Programm der „Dänischen Nächte": „Girl From The North Country" oder „Flickan från landet i norr", wie er bei *Afzelius* heißt. Ein ziemlich melancholisches Liebeslied, das der Trauer über eine verlorene Liebe Ausdruck gibt – sowohl im Original als auch in der Übertragung ins Schwedische.

Hier gibt's den unmittelbaren Vergleich – zunächst *Björn Afzelius,* danach *Bob Dylan* von der 1984 bei CBS erschienenen LP „Real Live", auf der der Meister begleitet wurde von Ex-*Rolling-Stone Mick Taylor* an der Gitarre, dem früheren *Small-Faces*-Keyboarder *Ian McLagan* (auf dem Cover übrigens fälschlicherweise als *McLagen* geschrieben), dem US-amerikanischen Songwriter *Greg Sutton* am Bass sowie dem britischen Blues-Drummer *Colin Allen.* Die allerdings haben alle Pause

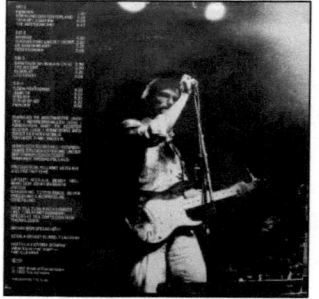

bei *Dylans* wehmütiger Klage, die er ganz allein zur Gitarre und Mundharmonika vorträgt. Und auch für jene, die des Schwedischen nicht so mächtig sind, dürfte der musikalische Vergleich doch ganz interessant sein.

Björn Afzelius: Flickan från landet i norr
Bob Dylan: Girl From The North Country

Das Mädchen aus dem Norden, beschrieben und besungen von *Bob Dylan,* davor die schwedische Version von *Björn Afzelius.* Der hatte, um seine künstlerische Unabhängigkeit zu wahren, mit *Rebelle Records* ein eigenes Label gegründet, auf dem 1991 auch die Liveplatte „Nidaros" erschienen ist. Daraus zum Abschied

vom schon mit 52 Jahren verstorbenen schwedischen Songschreiber und Politrocker *Björn Afzelius* hier noch ein Lied gegen die Oberflächlichkeit jener, die die Augen gern verschließen vor dem, was um sie herum passiert: „Vad Bryr Jag Mig Om Varför" – *Was kümmert's mich, warum…*

Björn Afzelius: Vad Bryr Jag Mig Om Varför

Die dritte Gratulation in dieser LiveRillen-Ausgabe gilt nun der 1972 in Los Angeles geborenen Sängerin, Pianistin, Gitarristin und Songschreiberin *Beth Hart* – sie vollendet am 24. Januar ihr halbes Jahrhundert. Bereits mit vier Jahren begann sie, Klavier zu spielen, und von da an bestimmte die Musik ihr Leben. Die High School ließ sie sausen, studierte dann einige Semester Cello und Gesang und erhielt in einer Fernseh-Talentshow erste Aufmerksamkeit. Zugleich galt sie als schwierig und emotional, und ihr Hang zu Drogen und Alkohol machte den Umgang mit ihr nicht einfacher. 1996 erschien ihre erste CD. Ihre weitere Karriere war wie das Auf und Ab einer unberechenbaren Achterbahn: es gab manisch-destruktive Phasen im Zusammenhang mit ihrer Drogensucht sowie eine lange nicht erkannte bipolare Persönlichkeitsstörung, über die *Beth Hart* selbst sagt: *„Mein innerer Heilungsprozess hat sehr lange gedauert, doch inzwischen fühle ich mich mit meiner dunklen Seite sehr wohl. Mit meiner Verrücktheit und all den Dingen, für die ich mich so lange geschämt habe".* Wesentlichen Anteil an dieser Heilung hat wohl dem Vernehmen nach ihr Manager *Scott Guetzkow,* mit dem *Beth Hart* auch seit langem verheiratet ist.

1999 – da war sie eben 27 – spielte sie die Hauptrolle in dem Musical „Love, Janis" über das mit 27 Jahren endende Leben der weißen Bluesikone *Janis Joplin.* Nach einer weiteren Entziehungskur ist sie endlich clean; ihr Körper aber trägt großflächige Tätowierungen davon, die sie sich innerhalb dieses Dreivierteljahres stechen lässt.

Die meisten ihrer seither selbstgeschriebenen Songs bis zur 2019er Platte mit dem aufschlussreichen Titel „War In My Mind" sind eine schmerzhafte und schonungslose Aufarbeitung ihres an Höhen und Tiefen nicht eben armen Lebenslaufs.

Hier ist *Beth Hart* live im Jahr 2018 mit ihrem trotzig-rotzigen Kommentar zum Dasein im hässlichsten Haus des ganzen Viertels: „The Ugliest House On The Block".

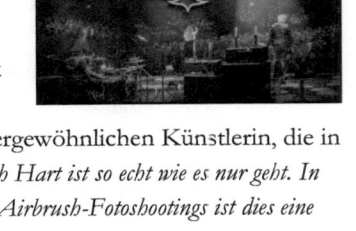

Beth Hart: The Ugliest House On The Block

Auf der Website dieser im Sinne des Wortes außergewöhnlichen Künstlerin, die in Kürze ihren 50. Geburtstag begeht, heißt es: *„Beth Hart ist so echt wie es nur geht. In einer Musikindustrie voller Hochglanzproduktionen und Airbrush-Fotoshootings ist dies eine Künstlerin, die ihre Karten offenlegt, ihre dunkelsten Geheimnisse teilt und dazu einlädt, sich ihr anzuschließen."*

Ihr musikalischer Ausdruck reicht inzwischen von chansonhaften Piano-Balladen über luftigen Folk bis zu bretthartem Bluesrock. Davon überzeugen kann man sich im Sommer auch endlich wieder hierzulande: Am 25. Juli wird *Beth Hart* auf der Parkbühne im Leipziger *Clara-Zetkin-Park* gastieren – meine Karten liegen schon lange bereit!

Und das dürfte ein echtes Erlebnis werden, denn auf der Bühne – so schreibt *Chris Olafsen* in der Musikzeitschrift *ROCKS* – *„geht es exzessiv zu, egal, ob sie sich die Seele aus dem Leib schreit oder zwischendurch einfach mal ganz ungehemmt heult, bevor sie über ihre tote Schwester Sharon singt. "*

Die war bereits mit 14 Jahren an den Folgen ihres Drogenkonsums gestorben; das ihr gewidmete „Sister Heroine" von *Beth Hart* hören wir gleich. Erschienen ist es 2010 auf ihrer sechsten Studio-Platte, die unter dem Titel „My California" ihre Erfahrungen vom Aufwachsen im ebenso faszinierenden wie gefährlichen Westen der USA verarbeitet. Die Platte wurde übrigens in einem ungewöhnlichen Verfahren aufgenommen: *„zuerst kam der Gesang aufs Band ... anschließend bauten wir alle anderen Instrumente drum herum",* so *Beth Hart* im Interview mit der Musikzeitschrift *GoodTimes,* die der damals 38Jährigen eine breite Palette des musikalischen Ausdrucks bescheinigte, die *„von sanft einschmeichelnd bis kreischend reicht".*

Den Titelsong von „My Califonia" gibt's jetzt in der Livefassung von jenem grandiosen Konzert 2018 in der *Royal Albert Hall,* das bei *Provogue* als limitiertes

 Dreifach-Album in rotem Vinyl erschienen ist, gemeinsam mit „Sister Heroine" – und *Beth Hart* singt hier nicht nur, sondern spielt auch den gefühlvollen Piano-Part des Klageliedes für ihre mit 14 Jahren an einer Überdosis verstorbenen Schwester *Sharon ...*

Beth Hart: My California / Sister Heroine

Ab 2012 platzieren sich ihre nun regelmäßig erscheinenden Longplayer in den internationalen Charts, wobei interessanterweise die Notierungen in Deutschland, Österreich und der Schweiz höher sind als in Großbritannien oder den USA; gerade in ihrer Heimat gilt sie noch immer als Geheimtipp – eigentlich unglaublich!

Eine enge und erfolgreiche Zusammenarbeit entwickelte sich in den 2010er Jahren mit dem fünf Jahre jüngeren britischen Ausnahmegitarristen *Joe Bonamassa,* der heute zu den produktivsten und stilistisch vielseitigsten Musikern seiner

Generation zählt, wobei sein musikalischer Akzent deutlich auf einem bluesbetonten Rockstyle mit jazzigen Zutaten liegt. Auch er wird in diesem Jahr live in Deutschland zu erleben sein; so am 26. April in Hannover, und auch diese Konzertkarten habe ich schon geordert. Zudem kann ich ihm mit der Aprilsendung zum 45. Geburtstag gratulieren – da wird also einiges von ihm zu hören sein! Aber schon heute können wir *Beth Hart* und *Joe Bonamassa* gemeinsam

im Konzert erleben: „Live In Amsterdam" ist ein toll ausgestattetes und grandios klingendes Dreifach-Album betitelt, das ebenfalls bei *Provogue* im Jahr 2014 erschienen ist. Zunächst daraus das berührende, aber auch rhythmisch durchaus aufrüttelnde „For My Friends". Wem kommt das bekannt vor…? Genau: *Bill Withers,* der 2020 im Alter von 81 Jahren verstorbene US-amerikanische Soulsänger und Songwriter, hat den Titel 1971 geschrieben. Im Text heißt es: *„Einer von uns muss sich entschuldigen oder wir werden nie wieder Freunde sein / Lass uns was trinken und darüber reden / … / Keiner von uns weiß, wann das Leben enden wird / Ich habe ein paar böse Dinge gesagt, die dir Kummer bereitet haben / Aber ich möchte dich als Freund behalten"* – was für eine schöne Botschaft, die wir nun gleich doppelt hören: Zunächst die Version von *Beth Hart* und *Joe Bonamassa* und anschließend quasi das Original: *Bill Withers* live in der New Yorker *Carnegie Hall,* aufgenommen im Oktober 1972. Und auch, wenn es heute nicht unmittelbar Thema der Sendung ist, will ich an dieser Stelle doch sagen, dass das vor 50 Jahren erschienene Doppelalbum „Bill Withers Live At Carnegie Hall" für mich zu den besten Konzertplatten der Rockgeschichte überhaupt gehört, und das nicht nur wegen seiner bekannten Hits wie „Ain't No Sunshine", „Lean On

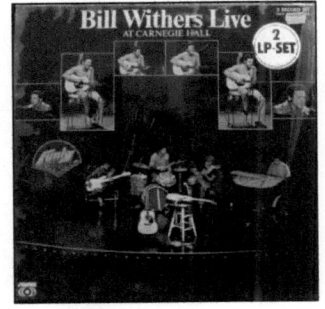

Me" oder „Let Us Love", sondern vor allem aufgrund des ebenso transparenten wie dynamischen Sounds, den die vorzüglichen Begleiter des charismatischen Sängers an diesem denkwürdigen Abend im New Yorker Musiktempel produziert haben.

Hart/Bonamassa: For My Friends
Bill Withers: For My Friend

Zurück zu *Beth Hart* und *Joe Bonamassa* und zu einem zweiten Vergleich zwischen Original und Coverversion, der auch spannend werden dürfte: „Nutbush City

Limits". *Tina Turner,* 1939 als *Anna Mae Bullock* in Tennessee geboren, hat 1973 darin ihrem Heimatort ein entlarvendes Denkmal gesetzt: Kirche, Kneipe und Schule im Mittelpunkt: *„Du gehst an Wochentagen auf die Felder / Und am Tag der Arbeit zum Picknick / Am Samstag gehst du in die Stadt / Aber gehe ja jeden Sonntag in die Kirche!"* Diese *City Limits* sind also keineswegs die äußeren Stadtmauern, sondern die strengen Regeln der puritanischen Moral.

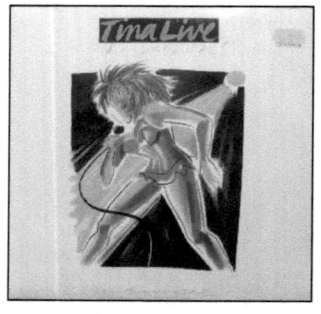

Ein Song, der hervorragend zu *Beth Hart* passt, wie ich finde – hier ist ihre gemeinsam mit *Bonamassa* interpretierte Version, und anschließend dann *Tina Turner* selbst von ihrem 1988er Livealbum „In Europe": „Nutbush City Limits"!

Hart/Bonamassa: Nutbush City Limits / Tina Turner: Nutbush City Limits

Ein durchaus spannender Vergleich der Rockröhre *Tina Turner* – zum Zeitpunkt dieser Aufnahme 46 Jahre alt – mit der damals 42jährigen *Beth Hart,* die nun ihr halbes Jahrhundert vollendet.

Damit vollenden sich auch die heutigen LiveRillen – zum Schluss gibt's noch ein paar Takte vom Amsterdam-Konzert, das *Beth Hart und Joe Bonamassa* im Jahr 2014 gemeinsam zelebriert haben: „I'd Rather Go Blind", 1967 von der Bluessängerin *Etta James* aufgenommen, die auch den Text zur Musik von *Ellington Jordan* geschrieben hat. In der Interpretation von *Beth Hart* ist der Schmerz über den Verlust einer großen Liebe geradezu mit Händen zu greifen: *„Ich wäre lieber blind als dich weggehen zu sehen!"* – für mich steht sie damit in einer Reihe mit den ganz großen *Female Voices* eben von *Etta James* und *Carole King* über *Janis Joplin* bis zu *Tina Turner.*

In Kürze (Ende Februar 2022) erscheint übrigens *Beth Harts* nächstes Studio-Album: „A Tribute To Led Zeppelin" benannt, auf dem sie die großartigen Songs des britischen Quartetts ganz zu ihren eigenen macht: Von „Whole Lotta Love" über „Kashmir", „Stairway To Heaven" und „Black Dog" bis zu „Good Times Bad Times" und dem „Rain Song" – ein absoluter Leckerbissen für die Fans von *LedZep* ebenso wie für jene von *Beth Hart* (was bei vielen wohl auf dasselbe hinauslaufen dürfte).

Die nächste LiveRille gibt's im Februar, und ich verrate nur so viel: *Carole King* feiert dann ihren 80. Geburtstag!

Hart/Bonamassa: I'd Rather Go Blind

Quellen:

- Björn Afzelius & Globetrotters: Danska Nätter, Do.-LP, Transmission, 1982
- Björn Afzelius: Nidaros – Live, LP, Rebelle Records, 1991
- Al Di Meola, John McLaughlin, Paco De Lucia: Friday Night In San Francisco, LP, AMIGA, 1982
- Beth Hart/Joe Bonamassa: Live In Amsterdam, 3-LP-Set, Provogue, 2014
- Beth Hart: Live At The Royal Albert Hall, 3-LP-Set, Provogue, 2018 (limited)
- Mahavishnu Orchestra (John McLaughlin): Beetween Nothingnesss & Eternity / Live, LP, CBS, 1973
- John McLaughlin Trio: Live At The Royal Festival Hall, LP, JMT, 1990/2015

- Chris Olafsen: Auf Distanz zum inneren Dunkel. In: ROCKS, 06/2019, S. 8.
- Erst Gesang, dann der Rest / Beth Hart. In: GoodTimes, Nr. 6/2010, S. 130.

No. 47: Male Guitars and Female Voices

(Februar 2022)

Diese Ausgabe der LiveRillen bewegt sich musikalisch komplett in den USA. Im ersten Teil werde ich zwei ganz unterschiedliche, dabei ausgesprochen spannende Gitarristen vorstellen, die in diesem Monat runde Geburtstage begehen: *James Blood Ulmer* ist am 2. Februar 80 Jahre alt geworden; *Joe Ely* wird am 9. Februar 75. Die zweite Stunde gehört dann komplett den Frauen, und auch da gilt es zwei Hochkaräter zu würdigen: *Melanie Safka* beging ihren 75. Geburtstag am 3. Februar, und *Carole Kings* 80. steht ebenfalls am 9. Februar an.

Genug der Vorrede – los geht's mit *James Ulmer*, der sich „Blood" nennt und zweifellos eine singuläre Position im Kosmos der Gitarrenvirtuosen einnimmt. Ein Musikkritiker schrieb einst über ihn, er sei *„das fehlende Bindeglied zwischen Jimi Hendrix und Wes Montgomery einerseits sowie P-Funk und Mississippi Fred McDowell andererseits"* [12] und schwebe als begabter Gitarrist, Sänger und Komponist über dem Pantheon der Außenseiter der amerikanischen Musik. Stilistisch ist er einfach nicht festzulegen – ein Amalgam aus Jazz, Blues, Funk, Soul, Country und Rock, mündend in Kompositionen, deren zugrundeliegende Technik als *Harmolodik* beschrieben werden kann – also eine unmittelbare Verbindung von Harmonien und Melodien, wobei durchaus atonale, die Grenzen simpler Dur-Moll-Akkordfolgen sprengende Elemente typisch sind für *James Blood Ulmer*.

Bevor ich über seinen Werdegang und seine Besonderheiten ein wenig mehr

erzähle, hören wir uns das doch einfach mal an: 1985 spielte *Ulmer* im Quartett im texanischen Fort Worth bei einem Clubkonzert im *Caravan Of Dreams* vor allem Stücke seiner 1983 erschienenen aufsehenerregenden Platte „Odyssee", darunter „Are You Glad To Be In America?" und „The Little Red House" – hier sind beide Songs von der 1986 erschienenen LP „Live At The Caravan Of Dreams".

James Blood Ulmer: Are You Glad To Be In America? / The Little Red House

---

[12] https://www.jpc.de/jpcng/jazz/detail/-/art/james-blood-ulmer-odyssey-hq/hnum/4294894.

Soundprägend neben *Ulmers* schneidender, häufig durch Fuzz- und Wah-Effekte verfremdeter Gitarre artikuliert sich hier die Violine seines musikalischen Weggefährten *Charles Burnham,* 1950 in New York geboren und seit 1983 immer wieder gemeinsam mit *Ulmer* im Studio oder auf der Bühne.

Mit vier Jahren bekam der kleine James von seinem Vater schon die ersten Griffe auf der Gitarre gezeigt; er sang bis zum Stimmbruch in einem Gospelchor und wurde mit 17 Berufsmusiker. In den 1960er Jahren tauchte er als Sideman in verschiedenen regionalen Rhythm&Blues-Bands oder Soul-Combos auf. Vielleicht wäre es dabei geblieben, wenn er nicht 1971 in New York auf den Jazz-Avantgardisten *Ornette Coleman* getroffen wäre, der ihn nicht nur als Begleiter akzeptierte, sondern zugleich auch kompositorisch prägte – die erwähnte *Harmolodik* wurde von *Coleman* Mitte der 70er Jahre entwickelt und mit seiner Band *Prime Time* realisiert – *Free Funk* oder auch *Jazz Funk* nennt sich die Schublade, in der neben *Ornette Coleman* auch *Miles Davis* und eben *James Blood Ulmer* Platz gefunden haben.

Ulmers Karriere nahm durch die Freundschaft zu *Coleman* an Fahrt auf; er spielte mit zahlreichen Größen des Free Jazz zusammen und perfektionierte seinen Gitarrenstil, indem er eine eigene, offene Stimmung des Instruments nutzte sowie eine individuelle Spielweise entwickelte, bei der er die Saiten vorrangig mit dem Daumen anreißt. Seine Plattenveröffentlichungen wurden von der einschlägigen Kritik stets als höchst innovativ gelobt; insbesondere die mit dem Geiger *Charles Burnham* und dem Schlagzeuger *Warren Benbow* im Trio ohne Bass eingespielte „Odyssee" gilt als Meisterwerk der Avantgarde, über das es heißt, es sei *„ein Album innerlichster, kruder Emotion, das direkt zu den Tiefen des tiefsten, dunkelsten Afrika führte, während es gleichzeitig die amerikanische Musiklandschaft durchquerte"*. [13]

Zwei Jahre später beim *Caravan-Of-Dreams*-Konzert in Fort Worth hatte sich zu diesem Trio der Jazzbassist *Amin Ali* gesellt, durch dessen geslappten Bass das wild anmutende Zusammenspiel des Quartetts noch an Präzision gewinnt. Das belegen auch die nächsten beiden Liveaufnahmen von *James Blood Ulmer* aus dem *Caravan Of Dreams;* zunächst das bluesinspirierte „Cheering", anschließend „Recess", in dem man mit einiger Phantasie sogar keltische Folkelemente erkennen kann.

James Blood Ulmer: Cheering / Recess

---

[13] Ebenda.

Rasante musikalische Strukturen, die bei aller zwischenzeitlicher Konfusion doch immer wieder auf den Punkt kommen – so klingt der innovative Gitarrist *James Blood Ulmer,* damals Anfang Fünfzig, live mit seinem Quartett im *Caravan Of Dreams;* nun ist er 80 Jahre alt.

Das *Caravan Of Dreams* war übrigens fast zwei Jahrzehnte lang einer der angesagtesten texanischen Musik-Clubs, finanziert durch einen philanthropisch eingestellten Öl-Milliardär und ausgestattet mit einem hochprofessionellen Multitrack Recording Studio. Auf einem eigenen Plattenlabel konnten so etliche Konzertmitschnitte erscheinen von Jazzgrößen wie eben *Ornette Coleman,* der 1930 in Fort Worth geboren wurde, *David Sanborn* oder dem Freejazz-Drummer *Ronald Shannon Jackson,* aber auch die Aufzeichnung eines Abends mit dem Psychologen und Drogen-Guru *Timothy Leary* wurde dort in Vinyl gepresst.

Die Eröffnungsfeier des *COD* fand statt am 29. September 1983, den der Bürgermeister von Fort Worth zum „Ornette Coleman Day" proklamierte – der stilprägende Jazzer wurde damit zum Ehrenbürger seiner Geburtsstadt. Genau 18 Jahre später, am 29. September 2001, fiel dann der letzte Vorhang im *Caravan Of Dreams,* in dem *James Blood Ulmer* mit seinen Avantgarde-Jazzern mehrfach zu Gast war. Zur Abrundung meiner Würdigung des nunmehr 80Jährigen hier noch sein funkiges Bekenntnis „I Need Love" – tja, wer braucht die nicht?

James Blood Ulmer: I Need Love

Von *James Blood Ulmer* nun zu einem US-amerikanischen Sänger, Gitarristen und Songwriter, der geografisch gar nicht so weit entfernt ist von *Ulmer,* dafür aber stilistisch in einer gänzlich anderen Galaxis unterwegs: *Joe Ely.* Vor 75 Jahren im texanischen Amarillo geboren, erlernte er als Kind zunächst das Geigenspiel, ehe ihm Rock'n'Roll und Countrymusic den weiteren musikalischen Weg wiesen. Mit 13 Jahren sattelte er auf die Elektrogitarre um, spielte zwei Jahre später schon in einer lokalen Band und schmiss schließlich mit 17 das College, um sich ganz der Musik zu widmen.

Durch die 1970 gemeinsam mit ehemaligen Schulfreunden gegründeten *Flatlanders* gilt *Joe Ely* als Wegbereiter des New oder Alternative Country mit Americana- und TexMex-Elementen. Sein Debütalbum unter eigenem Namen erschien 1977 und wurde vom *Melody Maker* zum „Country Album of the Year" gekürt. Die Verkaufszahlen blieben relativ bescheiden, doch live waren *Joe Ely* und seine Band bald überaus populär. 1980 wurden sie eingeladen, bei einer England-Tour der New-Wave-Band *The Clash* als Vorband zu spielen, und was zunächst mal wie ein Stilbruch klingt, funktionierte auf der Bühne offenbar ausgezeichnet.

Die bei dieser Tour entstandenen Aufnahmen wurden noch im selben Jahr von *MCA Records* als „Live Shots" veröffentlicht. Daraus jetzt „Fingernails" aus der Feder von *Joe Ely* sowie die *Hank-Williams*-Komposition „Honky Tonkin'".

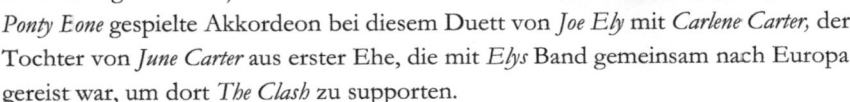

Joe Ely: Finger Nails / Honky Tonkin'

Eine kräftige Prise Cajun-Music durch das von *Ponty Bone* gespielte Akkordeon bei diesem Duett von *Joe Ely* mit *Carlene Carter,* der Tochter von *June Carter* aus erster Ehe, die mit *Elys* Band gemeinsam nach Europa gereist war, um dort *The Clash* zu supporten.

Aus den dabei entstandenen „Live Shots" folgt nun „Fools Fall In Love" des Songwriters *Butch Hancock,* mit dem *Joe Ely* einst die *Flatlanders* gegründet hatte. Danach noch ein Livemitschnitt von 1981, aufgenommen bei einem *Joe-Ely-*Konzert in New York und als Single-Beigabe zur LP „Live Shots" veröffentlicht.

Vier Titel sind auf der kleinen Scheibe enthalten, die übrigens trotz ihres Single-Formats mit 33 Umdrehungen pro Minute läuft – ich habe mit „Not Fade Away" ein Cover ausgewählt, dessen Original *Buddy Holly* und die *Crickets* 1957 veröffentlicht hatten und an dem sich ja auch die *Rolling Stones* gern vergriffen haben…

Joe Ely: Fools Fall In love / Not Fade Away

Die 1980er Jahre brachten für *Joe Ely* ein Auf und Ab – zunächst verlor er seinen Plattenvertrag bei *MCA*, stellte daraufhin seine Band neu zusammen und richtete seine Musik etwas stärker auf ein Rock-Publikum aus, das auch auf *Bruce Springsteen, John Hiatt* oder *Elliott Murphy* stand – das funktionierte auf der Bühne offenbar sehr gut. Er tourte unter anderem mit *Tom Petty* und *Stevie Ray Vaughn* sowie im Vorprogramm der *Rolling Stones*. Eine Konzerttour in Australien absolvierte er gemeinsam mit *Jimmy Barnes*. Zugleich verfolgte ihn der *Internal Revenue Service*, die Steuerbehörde der USA, wegen angeblicher Rückstände; es kam sogar zur zeitweisen Pfändung seines Wohnsitzes und seines Tonstudios.

Mit der Konzertplatte „Joe Ely Live At Liberty Lunch" durfte er schließlich 1990 zu *MCA Records* zurückkehren, wo dann einige weitere Studioproduktionen erschienen.

Mitte der 90er Jahre gab es dann sogar eine Wiedervereinigung der *Flatlanders,* und so war und ist *Joe Ely* bis heute eine wichtige Konstante in der reichen US-amerikanischen Singer/Songwriter-Szene im stilistischen Spektrum von Folk, Country, Americana und Rock, wobei er gerade mit den *Flatlanders* wieder verstärkt dem traditionellen Country-Style huldigt.

Hier nun ein Konzertausschnitt aus dem erwähnten *Liberty-Lunch*-Album von *Joe Ely* und seiner Band: „Me And Billy The Kid" und danach „Are You Listenin' Lucky?" – beides Eigenkompositionen von *Joe Ely,* der am 9. Februar seinen 75. Geburtstag begeht.

Joe Ely: Me And Billy The Kid / Are You Listenin' Lucky?

Joe Elys bisher letzte Studioplatte „Love In the Midst of Mayhem" erschien 2020, mit den *Flatlanders* brachte er im Sommer 2021 noch „Treasure of Love" heraus, und am 29. Februar 2020, genau 40 Jahre nach den Aufnahmen zum ersten Live-Album „Live Shots" in London, feierte *Joe Ely* dieses Jubiläum mit einem Konzert in Texas, bei dem er das Album in seiner Gesamtheit aufführte. Es sei das erste Mal seit über 30 Jahren gewesen, dass er diese alten Songs gespielt habe, ist auf seiner Website zu lesen.[14] Danach bremste das Corona-Virus erst einmal weitere Liveaktivitäten aus.

Möge das in diesem Jahr wieder besser werden – den Wunsch verbinde ich mit der Gratulation zum 75. Geburtstag und einem letzten, dazu durchaus passenden Song von *Joe Ely* für heute: „Grandfather Blues", der Großvater-Blues…

Joe Ely: Grandfather Blues

Ihren 75. Geburtstag konnte soeben auch eine Sängerin begehen, die nun den dritten Teil unserer viersätzigen LiveRillen-Sinfonie bestreitet – ihr obliegt der lyrisch-akustische Part der heutigen Sendung: *Melanie Safka,* am 3. Februar 1947 in New York als Tochter einer italienischstämmigen Jazzsängerin geboren und zwanzigjährig durch einen Zufall mit der Gitarre unterm Arm ins Büro des Konzertmanagers und Plattenproduzenten *Peter Schekeryk* gestolpert, der sie vom Fleck weg heiratete. Gute Voraussetzungen für eine Karriere, die durch ihren

---

14   Siehe http://www.ely.com/bio.

Auftritt am ersten Abend des *Woodstock*-Festivals quasi den Turbo zündete, zumal ihre bunt durchwirkten, sehnsuchtsvollen und mitunter esoterisch und surreal angehauchten Metaphern genau den Nerv der Blumenkinder- und Hippie-Generation trafen – *Die Welt* nannte sie später mal „die angegraute Märchentante des Folk Rock". Immerhin bescheinigt ihr *Siegfried Schmidt-Joos* in seinem Rocklexikon *„Aufrichtigkeit, Sensibilität und ein gewisses Kompositionstalent"*, gepaart mit einer alterslosen Stimme, die stets eine gewisse kindliche Naivität und Unschuld auszudrücken scheint. Und tatsächlich war die sozialkritische Auseinandersetzung mit der Realität, wie sie andere Songwriterinnen und Songwriter zu jener Zeit anstrebten – man denke an *Joan Baez, Buffy Sainte-Marie, Tom Paxton, Bob Dylan* oder *Phil Ochs* –, ihre Sache nicht.

Immerhin präsentiert ihre 1971 in Montreux aufgenommene erste Liveplatte als Eröffnung ein Cover des *Phil-Ochs*-Titels „Chords Of Fame", in dem es heißt: *„Sie werden dich deiner Unschuld berauben / Sie werden dich zum Verkauf anbieten / Umso mehr du Erfolg haben wirst / desto mehr wirst du scheitern // Also spiele die Akkorde der Liebe, mein Freund / Spiele die Akkorde des Schmerzes / Wenn du dein Lied behalten willst / dann spiele nicht die Akkorde des Ruhms".*

Den hören wir jetzt, und danach mit „Nickel Song" und „What Have They Done To My Song, Ma" zwei der bekanntesten Stücke aus *Melanie Safkas* eigener Feder.

Melanie: Chords Of Fame / Nickel Song / What Have They Done To My Song, Ma

In jenem Jahr 1971 wurde *Melanie* gleich von mehreren führenden Musikzeitschriften zur „Sängerin des Jahres" gewählt, und auf der Welle des Erfolgs gründete sie mit *Neighborhood Records* ein eigenes Plattenlabel, auf dem 1973 der Mitschnitt eines Konzerts in der New Yorker *Carnegie Hall* als Doppelalbum erschien. Es sind die Jahre ihrer größten Erfolge; ihre weder melodisch noch harmonisch besonders originellen Kompositionen gehen vielleicht gerade deshalb leicht ins Ohr, ihre mal sanfte, mal kraftvolle und dabei stets ein wenig melancholische Stimme stellt selbst auf großen Bühnen eine erstaunliche Intimität her und ihr beinahe in jedem Text vorhandenes Plädoyer für Liebe, Verständnis, Toleranz und Frieden vereint die Generationen im treuen Publikum. Und auch wenn die Resonanz in den 1980er und 90er Jahren deutlich nachließ, blieb *Melanie* mit ihren regelmäßig erscheinenden Platten und Konzerten stets präsent, wobei sie in den späteren Jahren häufig von ihren singenden

Töchtern *Leilah* und *Jeordie* sowie ihrem Sohn *Beau Jarred* auf der Gitarre begleitet wurde. 2010 ist ihr Mann *Peter Schekeryk* verstorben, der viele ihrer Platten produziert hat, darunter auch Ausflüge in den Jazzrock mit hochkarätigen Musikern wie *David Sanborn* oder *Michael Brecker*. Und ich bin sicher, dass wir die Sängerin auch künftig live erleben können, sobald es die Corona-Situation wieder zulässt. Viele ihrer erstaunlich haltbaren Songs haben sich für ihre Fans ja fast zu Volksliedern entwickelt.

Drei davon sollen noch erklingen, aufgenommen bei jenem Konzert im Februar 1973 in der *Carnegie Hall*, bei dem auch Titel von *Pete Seeger* und *Woody Guthrie* auf ihrer Setlist standen. Hier zunächst ihr größter Single-Erfolg „Brand New Key",

der 1971 bis an die Spitze der US-Charts kletterte, anschließend das berührende „Together Alone" und schließlich „Psychotherapy" – ungewohnt ironisch – *Melanie* live und ganz allein mit ihrer Gitarre auf der Bühne der riesigen *Carnegie Hall*.

Melanie: Brand New Key / Together Alone / Psychotherapy

Melanie mit ihrem ironischen „Glory, Glory, Halleluja" auf die Segnungen der Psychotherapie – alles Gute auch jenseits der 75!

Nun der letzte Trumpf im heutigen *LiveRillen*-Quartett: Am 9. Februar begeht die Songschreiberin, Sängerin und Pianistin *Carole King* ihren 80. Geburtstag. Das *Great American Songbook* der 1960er und 70er Jahre wäre ohne ihren Beitrag wesentlich ärmer, das werden auch jene Stücke zeigen, die ich ausgewählt habe. Geboren wurde sie als *Carole Klein* in Brooklyn, New York, in einer wohlhabenden jüdischen Familie, die ihr bereits mit vier Jahren intensiven Klavierunterricht angedeihen ließ. Am College spielt sie in einer Band und verliebt sich mit 17 in den Chemiestudenten *Gerry Goffin*. Als sie schwanger wird, heiraten beide, schnell folgt ein zweites Kind, und dennoch gelingt es dem jungen Paar, innerhalb weniger Jahre zum erfolgreichsten Songwriter-Duo der USA zu werden, wobei *Carole King* (wie sie sich inzwischen nennt) der kompositorische Part obliegt; *Gerry Goffin* liefert die Lyrics. „Will You Still Love Me Tomorrow" mit den *Shirelles* wird 1960 der erste Nummer-Eins-Hit des *King/Goffin*-Dream-Teams; in rascher Folge werden weitere Hits produziert, interpretiert unter anderem von den *Everly-Brothers, Little Eva,* den *Byrds,* den *Drifters* oder den *Chiffons.* Und auf dem allerersten *Beatles*-Album ist das *King/Goffin*-Cover „Chains" enthalten.

Wegen zunehmender Drogenprobleme von *Goffin* wurde die Ehe 1967 geschieden; 1971 heiratete *Carole King* den Bassisten *Charley Larkey,* der ebenfalls ins Songwriting einstieg – das wunderbare „(You Make Me Feel Like) A Natural Woman" für *Aretha Franklin* entstammt dieser Zusammenarbeit.

Nun endlich wollte *Carole King* als begabte Sängerin und Pianistin – bestärkt durch ihren Freund und Songwriter-Kollegen *James Taylor* – auch selbst mit ihren Liedern an die Öffentlichkeit, und gleich ihre zweite LP „Tapestry" schlug 1971 ein wie die sprichwörtliche Bombe: 15 Wochen an der Spitze der US-Charts, dazu vier *Grammys* und 25 Millionen Verkäufe weltweit machen „Tapestry" bis heute zu einem der erfolgreichsten Alben der Popgeschichte überhaupt.

Einstiegslied der Platte ist das groovige „I Feel The Earth Move": *„Ich spüre, wie sich die Erde unter meinen Füßen bewegt / Ich fühle, wie der Himmel herabstürzt / Ich spüre, wie mein Herz immer dann vibriert / Wenn du in der Nähe bist".*

Den Song spiele ich jetzt in gleich zwei Versionen: Zunächst vom allerersten Auftritt der Künstlerin außerhalb der Vereinigten Staaten 1973 beim Jazzfestival in Montreux – dort interpretiert sie diesen Titel allein am Piano – und danach 43 Jahre später, also 2016, mit einer hochkarätigen Band im Londoner *Hyde Park* beim Tapestry-Remember-Konzert, zu dem ich später noch einiges mehr erzählen werde.

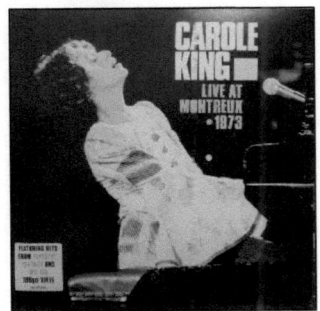

Carole King: I Feel The Earth Move

„I Feel The Earth Move" – mehr als vier Jahrzehnte liegen zwischen den beiden eben gehörten Fassungen – kaum zu glauben, denn die Stimme von *Carole King* scheint um keinen Deut gealtert; im Gegenteil: gereift!

Nach „Tapestry" kann es eigentlich keine Steigerung mehr geben, und so erreichen ihre Nachfolge-LPs zwar regelmäßig Gold- oder Platinstatus, ohne jedoch an den grandiosen Erfolg aus dem Jahr 1971 heranzureichen.

In den 1980er Jahren zieht sich *Carole King* – sie ist inzwischen in dritter Ehe verwitwet – in ein Bergdorf in Idaho zurück und engagiert sich als Natur- und Umweltschützerin. 1990 wird sie gemeinsam mit ihrem Ex-Mann *Gerry Goffin* in die *Rock and Roll Hall of Fame* aufgenommen. Sporadisch nur kehrt sie auf die Bühne zurück, zumeist bei Benefiz-Konzerten. 2010 wird eine gemeinsame USA-Tour mit ihrem alten Freund *James Taylor* zu einem unerwartet großen Erfolg, der auch als Doppelalbum dokumentiert ist – dazu gleich noch mehr.

Und dann kommt jener legendär zu nennende Sommerabend 2016 im Londoner *Hyde Park,* als sie genau 45 Jahre nach Erscheinen des Albums „Tapestry" dieses erstmals in seiner Gesamtheit live aufführt – 65.000 Besucher feiern sie und ihre hochkarätige Band in dem sicheren Gefühl, etwas Einmaliges erlebt zu haben. *Sir Elton John* – er ist im Publikum – bekennt hinterher offen, er könne *Carole King* nicht genug danken, denn ohne sie hätte er nie begonnen, Lieder zu schreiben… Zu ihren bekanntesten Songs gehört zweifellos die Hymne auf die Freundschaft: „You've Got A Friend", 1971 ebenfalls auf „Tapestry" erstveröffentlicht. Im selben Jahr brachte ihn auch *James Taylor* heraus, der damit in den USA bis an die Spitze der Top100 stürmte, was dazu führte, dass der Titel gleich zwei *Grammys* erhielt – einen für *King* als „Song des Jahres" und einen für *Taylor* in der Kategorie „Beste männliche Gesangsdarbietung des Jahres – Pop". Zahllose Coverversionen folgten; so gibt es eine Reggae-Variante von *Jimmy Cliff,* einen Disco-Verschnitt

von *Michael Jackson* sowie großartige Gesangsversionen von *Roberta Flack, Ella Fitzgerald* oder *Barbra Streisand.* „You've Got A Friend" – an der Botschaft gibt es ja auch nichts zu deuteln. Hier nun die Liveversion von *Carole King* aus dem Jahr 2016 vom *Hyde-Park*-Konzert in London.

Carole King: You've Got A Friend

Neben der bewundernswerten Energie der hier immerhin schon 74jährigen Künstlerin trug natürlich auch die großartige Band zum Gelingen dieses Abends bei, dessen Mitschnitt 2017 von *Rockingale Records* auf zwei 180-Gramm-Vinyl-Scheiben in toller Ausstattung veröffentlicht wurde. Als da wären: die Gitarristen *Danny Kortchmar,* ein enger Freund von *James Taylor,* und *Dillon Kondor,* dazu *Zev Katz* am Bass und *Shawn Pelton* am Schlagzeug, deren Liste an Mitwirkungen den Rahmen der Sendung sprengen würde, sowie der Saxofonist *Jamie Talbot* und als musikalischer Kopf der Band der Keyboarder *Robbie Kondor,* nicht zu vergessen zwei Background-Sängerinnen. Alle gemeinsam jetzt zu erleben mit *Carole King* beim *Hyde-Park*-Konzert in dem Song „(You Make Me Feel Like) A Natural Woman" – in den späten 1960er Jahren wurde das für die Queen of Soul *Aretha Franklin* zu einem ihrer größten Hits.

Carole King: (You Make Me Feel Like) A Natural Woman

Sich wie eine echte Frau zu fühlen, das kann man bei dieser Interpretation des Songs durch *Carole King* gut nachempfinden…

Damit kommt auch diese LiveRillen-Ausgabe an ihre zeitlichen Grenzen. Den Schlusspunkt setzt *Carole King*, die in wenigen Tagen ihren 80. Geburtstag begeht und uns so reich beschenkt hat mit zeitlosen Melodien, nun gemeinsam mit ihrem langjährigen Freund und musikalischen Wegbegleiter *James Taylor*. Aus dem „Live At The Troubadour"-Album ihrer gemeinsamen Tour im Jahr 2010 habe ich mit „It's Too Late" einen weiteren Song vom Erfolgsalbum „Tapestry" ausgewählt, der absolut passend für einen bevorstehenden Abschied ist: *„Es werden wieder schöne Zeiten für mich und dich kommen / Aber wir können einfach nicht zusammenbleiben, fühlst du es nicht auch? / Trotzdem bin ich froh über das, was wir hatten und wie ich dich einst geliebt habe / Aber es ist zu spät, Baby, jetzt ist es zu spät / Obwohl wir wirklich versucht haben, es zu schaffen…"*

Den traurig-optimistischen Text hat übrigens *Toni Stern* beigesteuert, eine kalifornische Lyrikerin und Malerin, mit der *Carole King* seit 1969 freundschaftlich verbunden ist. Und in der vorzüglichen Band, die *King* und *Taylor* 2010 begleitete, spielten mit dem Schlagzeuger *Russ Kunkel* und dem Rauschebart *Leland Sklar* am Bass sowie dem bereits erwähnten Gitarristen und Songwriter *Danny Kortchmar* drei absolute Schwergewichte der US-amerikanischen Folkrock-Szene.

Die nächste LiveRille im März gratuliert dann *Elton John* zum 75. Geburtstag und erinnert an die DDR-Bluesikone *Stefan Diestelmann,* dessen Todestag sich im März zum 15. Male jährt.

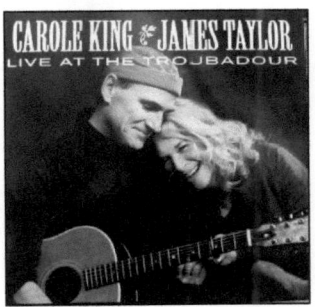

Carole King / James Taylor: It's Too Late

Quellen:

- The Joe Ely Band: Live Shots, LP + Single, MCA/South Coast Records, 1980
- Joe Ely: Live At Liberty Lunch, LP, MCA, 1990
- Carole King: Live At Montreux 1973, LP, Eagle Records/Universal, 2019
- Carole King/James Taylor: Live At The Troubadour 2010, Do.-LP, Universal, 2021
- Carole King: Tapestry: Live In Hyde Park, Do.-LP, Rockingale Records/MOV, 2017
- Melanie: At Carnegie Hall, Do.-LP, ABC/Ariola, 1973
- Melanie: In Concert At Montreaux, LP, Buddah Records, 1973
- James Blood Ulmer: Live At The Caravan Of Dreams: CoD Productions, 1986

No. 48: Gratulation an Sir Elton John und bluesiges Gedenken an Stefan Diestelmann

(März 2022)

Willkommen im ersten Frühlingsmonat des Jahres, liebe Freundinnen und Freunde der LiveRillen, und ganz gleich, ob man es nun meteorologisch sieht (demnach haben wir ja bereits seit ein paar Tagen den Frühling) oder eher kalendarisch rechnet (da starten wir dann in gut zwei Wochen) – dieser Frühling sollte uns Hoffnung machen auf einen tollen Konzertsommer!

In diesem will auch *Elton John* seine durch Corona jäh unterbrochene „Farewell Yellow Brick Road"-Abschiedstournee fortsetzen, die ihn – wenn alles klappt wie geplant – am 29. Mai in die Leipziger *Red Bull Arena* führen wird. Und weil das Konzert dem Vernehmen nach längst ausverkauft ist und zudem der als *Reginald Kenneth Dwight* am 25. März 1947 im Londoner Nordwesten geborene Weltstar demnächst seinen 75. Geburtstag begeht, soll ihm der erste Teil dieser LiveRillen-Ausgabe gehören.

Die Kindheit war für den dicklichen, oft gehänselten Jungen in der Vorstadt nicht eben ein Zuckerschlecken; Kompensation für die fehlende Zuneigung der Eltern bot die Großmutter und durch diese wiederum das Klavier, an dem der Knabe versuchte, es den Tastenvirtuosen seiner Jugendzeit – von *Fats Domino, Jerry Lee Lewis* und *Floyd Cramer* bis zu *Winifred Atwell,* der als dunkelhäutiger Pianistin aus Trinidad ein Nummer-Eins-Hit in England gelang – gleichzutun.

Über ein Förderstipendium konnte er fünf Jahre lang an der Londoner *Royal Academy of Music* klassisches Piano und Musiktheorie studieren – ein Fundament, das seine herausragende Stellung als Komponist wohl überhaupt erst ermöglichte. Das für die Pop-Bühne notwendige Rüstzeug erwarb er sich dagegen in einem Pub, in dem er regelmäßig als Pianist auftrat mit einem breiten Repertoire an Jazz- und Bluesstandards. Mit Studienfreunden der Musikakademie, darunter ein über zwei Meter langer Schlaks namens *John Baldry* am Mikrofon sowie der Saxofonist *Elton Dean,* gründete er die Band *Bluesology,* die neben eigenen Gigs auch US-amerikanische Soulsänger auf ihren England-Tourneen begleitete. Und so löst sich auch das Geheimnis des Pseudonyms rasch auf, unter dem *Reginald Dwight* fortan musizieren sollte – die Vornamen von *Elton Dean* und „*Long" John Baldry* ergaben: *Elton John* (der übrigens ganz offiziell noch ein *Hercules* dazwischensetzen ließ – erfreuliche Selbstironie angesichts eines nicht gerade titanischen Körperbaus! Oder ahnte er da bereits seinen bevorstehenden Ruhm…?)

Der ließ nicht lange auf sich warten. Nach der vom Publikum kaum beachteten Erstlings-LP „Empty Sky", die 1969 erschien, brachte bereits das Folgejahr den Durchbruch für den exzentrischen Pianisten, Sänger und Songschreiber, der schon mal in Hotpants, schrillbunten T-Shirts und überdimensionaler Brille mit Scheibenwischern auf die Bühne ging, den Flügel mit Ellenbogen und Füßen malträtierte und sein anarchisches Rockkabarett entfachte. Gleich mit mehreren Longplayern konnte er im Abstand weniger Monate Goldene Schallplatten einheimsen, und 1971 erschien bereits sein erstes Livealbum.

Großen Anteil an diesen Erfolgen hatte zweifellos der 1950 geborene britische Lyriker *Bernie Taupin,* den *Elton John* über eine Zeitungsanzeige, mit der er einen Texter für seine Kompositionen suchte, kennengelernt hatte. Daraus wurde eines der erfolgreichsten Songwriter-Teams überhaupt, auch wenn es Ende der 70er mal eine Auszeit gab und *Taupin* auch für andere Musiker arbeitete.

Nun aber endlich Musik von *Elton John.* Das erwähnte erste Livealbum enthält den Mitschnitt eines Radiokonzerts vom November 1970, bei dem *Elton John* auch

einige zeitgemäße Coversongs spielte, so das soeben von den *Rolling Stones* veröffentlichte „Honky Tonk Woman". Zuvor noch ein eigenes Stück: „Take Me To The Pilot", das auf der LP "Elton John" sowie als B-Seite der Single „Your Song" erschienen war.

Elton John: Take Me To The Pilot / Honky Tonk Woman

Elton John live im Jahr 1971. Zu dieser Zeit machte der Künstler auch sein Schwulsein öffentlich; für einige Jahr waren er und der US-Amerikaner *John Reid* ein Paar; eben jener *John Reid,* der später Manager von *The Queen* wurde und auch nach dem Ende ihrer Beziehung die Geschäfte von *Elton John* weiterführte. 1973 gründete dieser mit *Rocket Records* eine eigene Plattenfirma, auf der jene Songs erschienen, die ihn zu einem der erfolgreichsten Pop-Acts der 1970er Jahre machten: „Rocket Man", „Crocodile Rock", „Saturday Night's Alright (For Fighting)", „Goodbye Yellow Brick Road", „Bennie And The Jets" oder „Don't Let The Sun Go Down On Me". Nicht zu vergessen das dem Andenken an *Marilyn Monroe* gewidmeten Stück „Candle In The Wind", das nach dem Tod von *Lady Di* 1997 in einer Neuauflage zur erfolgreichsten Single der Popgeschichte werden sollte – sämtliche Einnahmen aus diesem Song spendete *Elton John* übrigens dem *Diana Princess of Wales Memorial Fund.*

Eine feste und ziemlich rockige Band hatte er in den 70ern auch um sich geschart: *Davey Johnstone* an der Gitarre, dazu der Bassist *Dee Murray* und *Nigel Olsson* am Schlagzeug. In dieser Besetzung nun Liveaufnahmen aus dem Jahr 1976: zunächst der heiter-selbstironische „Crocodile Rock", mitgeschnitten in London in der *Royal Festival Hall* – die Zeile *„I remember when Rock was young..."* hat sich ja ebenso ins kollektive Gedächtnis jener Generation eingegraben wie ein paar Jahre zuvor *„When I was younger, so much younger than today..." (Beatles), "I hope I die before I get old" (The Who)* oder *„What a drag it is gettin' old..." (Rolling Stones)* – und anschließend „Rocket Man", aufgenommen im New Yorker *Madison Square Garden.*

Elton John: Crocodile Rock / Rocket Man

Der Raketenmann: *Elton Johns* Weltraumfantasien, besser gesagt die vom Texter *Bernie Taupin: „Ich vermisse die Erde so sehr, ich vermisse meine Frau / Auf einem so zeitlosen Flug ist es einsam im Weltraum".*

Apropos Frau – 1976 ein weiteres Outing: *Elton John* bekannte nun, bisexuell zu sein, und heiratete 1984 die deutsche Tontechnikerin *Renate Blauel;* ein Fehler, wie beide später einräumten; die Ehe wurde 1988 geschieden. Seit 2014 ist *Elton John* wieder regulär verheiratet mit seinem langjährigen Lebenspartner, dem kanadischen Filmregisseur *David Furnish.* Beide haben zwei von derselben Leihmutter ausgetragene Söhne. Zu diesem an Höhen und Tiefen reichen Leben gehört aber auch eine langjährige Alkohol- und Drogensucht, von der sich *Elton John* erst 1990 durch eine intensive Therapie befreien konnte.

Seine künstlerischen Meriten aufzuzählen, würde den Rahmen der Sendung sprengen – belassen wir es musikalisch beim Hinweis auf zahlreiche Chartplatzierungen seiner originellen Kompositionen, die stets mainstreamtaugliche Eingängigkeit mit anspruchsvollen melodisch-harmonischen Wendungen und rhythmischen Feinheiten verbanden. Zudem war *Elton John* oft ein gefragter Gesangspartner; so standen unter anderem *Stevie Wonder, Axl Rose, Eminem, Billy Joel, Chris Rea, Don Henley* oder *Prince* mit ihm auf der Bühne oder im Studio; 1993 ist ja eine ganze *Elton-John*-LP mit Duetten erschienen, und auch das vor einem halben Jahr veröffentlichte jüngste Album „The Lockdown Sessions" bietet illustre Gäste auf. Dass er häufig bei Benefiz-Konzerten aktiv war, ist bekannt, und auch im Film hat er Spuren hinterlassen, so schon in den frühen

70ern als *Pinball Wizard* in der Verfilmung der Rockoper „Tommy" von *The Who* oder als Filmkomponist für Disneys „König der Löwen"; sein „Can You Feel The Love Tonight" erhielt sogar einen *Oscar* für den besten Filmsong. 1994 wurde *Elton John* in die *Rock and Roll Hall of Fame* aufgenommen; ein Jahr später von Königin Elisabeth II. als Commander in den *Order of the British Empire*, und seit 1998 darf er das Adels-Prädikat „Sir" führen. 2019 wurde er durch Präsident *Emmanuel Macron* zum Ritter der französischen Ehrenlegion ernannt, und anekdotisch erwähnt sei zumindest noch, dass er als erster westlicher Star in der damaligen Sowjetunion gastieren durfte und dass bei seiner Neuaufnahme des Beatles-Hits „Lucy In The Sky With Diamonds" *John Lennon* persönlich die Reggae-Gitarre spielte. Man hat den Eindruck, so ein Werk reiche für mindestens drei Leben…

Nun also wird er 75, und ich habe aus seinem 1987 veröffentlichten Album „Live In Australia" noch zwei Piano-Balladen ausgewählt: Zunächst jenes „Your Song", das 1970 sein erster großer Hit wurde, und natürlich „Candle In The Wind" – zusätzlich zu seiner Band wird *Elton John* begleitet vom *Melbourne Symphony Orchestra.*

Elton John: Your Song / Candle In The Wind

Eine Melodie, die jeder kennt und die man kaum wieder aus dem Ohr bekommt: *Elton John* hat die Kerze in den Wind gestellt, ursprünglich als Erinnerung an *Norma Jeane Baker,* die als *Marylin Monroe* Weltruhm erlangte und doch das Glück nicht fand, und Jahrzehnte später mit dem Gedenken an die tödlich verunglückte *Princess auf Wales* zusätzlich emotional aufgeladen.

Von *Elton Johns* bevorstehendem 75. Geburtstag nun – einige Bedeutungsebenen tiefer und stilistisch auch auf einem ganz anderen Acker – zu einem 15. Todestag: Am 27. März 2007 ist mit *Stefan Dieselmann* ein Musiker verstorben, der in der DDR immerhin für einige Jahre zur Kultfigur wurde und der doch später dem beinahe vollständigen Vergessen anheimfiel. Gelegenheit also, die Erinnerung an den ebenso eigenwilligen wie genialen Bluesmusiker mit Retrospektiven auf die US-amerikanische Folkblues-Szene zu verbinden, die seit den 1960er und 70er Jahren enormen Einfluss auf die europäische Popularmusik und dort insbesondere auf das von Großbritannien ausgehende Bluesrevival gewann – und die nicht zuletzt auch *Stefan Dieselmann* angeregt und geprägt hat.

Geboren wurde dieser als Spross eines Schauspieler-Ehepaares 1949 in München. Da beide Eltern für die *DEFA* tätig waren, erfolgte nach dem Mauerbau 1961 die Umsiedlung der gesamten Familie nach Ostberlin – ein zweifellos ungewöhnlicher Schritt in dieser Zeit. Und dass *Diestelmann* ausgerechnet hinter dem Eisernen Vorhang nicht nur zum Blues-Fan, sondern zum aktiven Blues-Propagandisten wurde, der zunehmend tiefer eintauchte in die Musikkultur des schwarzen Nordamerikas, gehört ganz sicher zu den Zufällen, die unsere Kulturgeschichte so spannend machen.

Jedenfalls fand der 12Jährige zur Gitarre und mit dieser relativ schnell zu den glücklicherweise in der DDR als Vertreter der unterdrückten schwarzen Bevölkerung der USA akzeptierten Bluesinterpreten. Wesentlich beigetragen zur Popularisierung des Blues in Europa haben zweifellos die Musikagenten *Horst Lippmann* und *Fritz Rau* mit ihrem 1962 ins Leben gerufenen *American Folk Blues Festival*, das bis 1982 die jeweils führenden Vertreterinnen und Vertreter für eine umfangreiche Tournee durch die Alte Welt vereinte – so waren gleich zum Auftakt *Memphis Slim, T-Bone Walker, Willie Dixon* sowie *Sonny Terry* und *Brownie McGhee* mit von der Partie, im Folgejahr war *Muddy Waters* dabei, und 1964 gastierte das Festival erstmals auch in der DDR, unter anderem mit *Sonny Boy Williamson* und *Howlin' Wolf*. Von diesem Konzert sowie vom 1966er Gastspiel im Ostberliner *Friedrichstadt-Palast* veröffentlichte das Staats-Label *AMIGA* mehrere LPs, die ganz sicher auch auf dem Plattenspieler von *Stefan Diestelmann* rotierten – eine nachhaltige musikalische Sozialisation, die sein Leben fortan bestimmen sollte.

Nachdem *Diestelmann* nämlich 1967 zu einer Bewährungsstrafe verurteilt worden war – er hatte sich nach Möglichkeiten erkundigt, die DDR zu verlassen –, spielte er zunächst in diversen Amateurformationen, ehe er nach einem kurzen Intermezzo bei der schon populären *Engerling-Bluesband* von *Wolfram „Body" Bodag* 1977 die *Stefan Diestelmann Folk Blues Band* gründete, die den Nerv der DDR-Bluesfreaks unmittelbar traf. Und tatsächlich erschien bereits im Folgejahr bei *AMIGA* die erste *Stefan-Diestelmann*-LP, im Studio veredelt von diversen Spitzenmusikern der DDR-Jazzrock-Szene. Er tourte in Polen und der CSSR und spielte gemeinsam mit *Alexis Korner, John Mayall* oder *Memphis Slim*. Und so klang dieser *Stefan Diestelmann* live mit dem Bekenntnis „Every Day I Have The Blues", von den *Sparks Brothers* 1935 veröffentlicht und knapp zwei Jahrzehnte später von dem gerade genannten *Memphis Slim* zum Blues-Klassiker erhoben.

Stefan Diestelmann: Every Day I Have The Blues

„Every Day I Have The Blues" – der Mitschnitt ist 1985 auf der LP „Stefan Diestelmann Live" auf dem kleinen Label *Jupiter Records* erschienen. Ein Jahr zuvor hatte *Diestelmann* ein Solo-Konzert in Hildesheim genutzt, um der DDR den Rücken zu kehren. Dort war 1980 zwar noch eine zweite Platte des ungekrönten Blueskönigs erschienen, doch zugleich gab es auch Einschränkungen und sogar Auftrittsverbote aufgrund seiner mit dem Staatssozialismus wenig kompatiblen Grundhaltung. Nun lebte er also wieder in Bayern nahe seiner Geburtsstadt München am Ammersee, wo auch der eben gehörte Mitschnitt entstand.

Begleitet wurde *Stefan Diestelmann* bei diesem intimen Konzert von gleich zwei deutschen Tastenvirtuosen: dem damals gerade mal zwanzigjährigen *Ludwig Seuß,* der heute mit seiner eigenen Band längst zu den führenden deutschen Blues- und Zydeco-Interpreten gehört, sowie dem Absolventen des Münchener Richard-Strauss-Konservatoriums *Michael Armann,* der heute als gefragtester Gospel-Pianist Deutschlands gilt, aber auch im Jazz und als moderner Instrumentalkomponist einen herausragenden Ruf genießt: „Every Day I Have The Blues"…

Auf dem Plattencover wird *Stefan Diestelmann* mit den Worten zitiert: *„Wenn ich Blues spiele, geht es mir um zwei Dinge: Zum einen will ich den Blues als eigene Musik der schwarzen Bevölkerung Amerikas zu uns reinholen, zum anderen übertrage ich den Blues, versuche ihn mit unseren Problemen zu prägen und ihm mein europäisches Empfinden zu geben."* Wie gut ihm das gelang, lassen die folgenden beiden Stücke erkennen, die bereits zu Ost-Zeiten in der Jugendszene sehr populär waren – wohl weil die Texte so gar nicht dem sozialistischen Vorzeige-Optimismus entsprachen. Zunächst „Der Alte und die Kneipe", der sogar auf einer der DDR-Langspielplatten erschienen war, und anschließend der *Alexis Korner* nachempfundene „Vorstadt-Blues".

Stefan Diestelmann: Der Alte und die Kneipe / Vorstadt-Blues

Die ungekünstelte Sprache, der leicht manierierte Gesang, die souverän und lässig gespielte Akustikgitarre – typische Markenzeichen von *Stefan Diestelmann*, die zumindest im Osten ausreichten, um ein Star zu werden. Für den Westen reichte das nicht aus. In den 1990er Jahren hängt *Diestelmann* frustriert seine Musikerkarriere an den Nagel und dreht mit einer eigenen kleinen Videofirma fortan Werbeclips. Nebenher schippert er Touristen über den Ammersee; seine CDs verkauft die Metzgerfrau im Ort, wie der hallesche Journalist *Steffen Könau*, der *Diestelmanns* späte Jahre in aufwändiger Recherche rekonstruiert und auch die über ihn geführte Stasi-Akte ausgewertet hat, konstatiert.

Am 27. März 2007 stirbt *Diestelmann*, da ist er 57. *„Sein Arzt, der gleichzeitig sein Nachbar und letzter Freund war, bittet um Respekt für den Wunsch des Toten, dass weder bekannt werden soll, woran er gestorben ist, noch, wo der König des Blues heute begraben liegt."* Damit endet *Steffen Könaus* zum 10. Todestag veröffentlichter Artikel[15].

Weitere fünf Jahre sind inzwischen vergangen – meine Reminiszenz an den Blueser, den ich zu DDR-Zeiten mehrfach live erleben durfte, endet mit einem Standard von *Big Joe Turner:* „Flip, Flop And Fly", gemeinsam geschrieben mit dem Bluesmusiker *Jesse Albert Stone* (allerdings unter dessen Pseudonym *Charles Calhoun)* und 1955 als Single erschienen. Nach der Version von *Stefan Diestelmann* hören wir *Big Joe Turner* selbst; er war nämlich 1966 mit dem *American Folk Blues Festival* in der DDR und demzufolge auch auf der *AMIGA*-LP vertreten, die wir mit Recht im Plattenregal des nach musikalischen Anregungen suchenden *Stefan Diestelmann* vermuten dürfen.

Stefan Diestelmann / Big Joe Turner: Flip, Flop And Fly

Big Joe Turner Ende November 1966 im Ostberliner Friedrichstadt-Palast – ein kleines Tauwetter, nachdem die SED ein Jahr zuvor auf ihrem 12. Parteiplenum mit dem Auftritts- und Publikationsverbot für *Wolf Biermann* und weiteren Verdikten gegen unbequeme Künstler eine kulturelle Eiszeit heraufbeschworen hatte.

Die beiden *AMIGA*-Platten von diesem Ereignis erschienen denn auch erst 1968. DDR-Jazzexperte *Karl-Heinz Drechsel* würdigt auf dem Plattencover die Künstler

15 https://www.mz.de/kultur/vor-zehn-jahren-starb-stefan-diestelmann-der-konig-des-blues-hat-kein-grab-1290743.

ideologisch einwandfrei, wenn auch unter häufiger Verwendung des inzwischen geächteten N-Wortes so: *„Für drei Stunden brachten sie ihren von Rassendiskriminierung beschatteten Alltag, den ‚Blues, der das Leben ist', in all seiner Vielfalt auf die Bühne … einfache Geschichten aus den tausendfältigen Schattierungen des ‚farbigen' Daseins in den USA, Geschichten voller schlichter Menschlichkeit".* Zwei Titel von diesem Konzert habe ich noch ausgewählt, geschrieben und interpretiert von *Junior Wells:* „Sheckin' On My

Baby" und der „Vietnam-Blues". Begleitet wird der 1998 verstorbene Bluessänger und Mundharmonika-Virtuose hierbei von *Otis Rush* an der Gitarre, dem Bassisten *Jack Myers* und *Freddie Below* am Schlagzeug.

Junior Wells: Sheckin' On My Baby / Vietnam-Blues

Die Festival-Organisatoren *Horst Lippmann* und *Fritz Rau* haben auch in den folgenden Jahrzehnten die anspruchsvolle Konzertkultur der Bundesrepublik und darüber hinaus wesentlich mitgeprägt – und vielleicht ist es der Tatsache zu danken, dass *Horst Lippmann* 1927 im thüringischen Eisenach das Licht der Welt erblickt hatte, dass beide sich stets besonders um den innerdeutschen Kulturaustausch bemüht haben. Und sie wollten dem *American Folk Blues* und seinen Protagonisten über die Konzerttourneen hinaus zu europäischer Popularität verhelfen, indem sie von mehreren Konzertjahrgängen ausgewählte Livemitschnitte auf ihrem eigens gegründeten Label *L+R-Records* veröffentlichten, sodass ich für die heutige Sendung aus dem Vollen schöpfen kann. So greife ich jetzt zum Doppelalbum der 1972er Ausgabe des Festivals; mit dabei unter anderem *Jimmy Rogers, Memphis und Lightnin' Slim, Big Joe Williams* oder *Big Mama Thornton.* Und da die weiblichen Bluesvertreter bisher eindeutig unterrepräsentiert waren, habe ich für diesen Jahrgang letztere ausgewählt. Geboren wurde die Sängerin und Songschreiberin, die auch gern und versiert zur Mundharmonika griff, 1926 in Montgomery, Alabama; als Kind sang sie im Gospelchor der Kirche und landete 1952 ihren ersten Rhythm&Blues-Hit mit dem von *Jerry Leiber* und *Mike Stoller* geschriebenen „Hound Dog", den auch *Elvis Presley* später noch einmal in die Charts bringen sollte. Bereits 1965 war sie mit dem *American Folk Blues Festival* in Europa auf Tour gewesen und folgte auch sieben Jahre später gern der Einladung von *Horst Lippmann* und *Fritz Rau.* Leider machte ihr ihre Alkoholsucht in der Folge zunehmend zu schaffen; Ende 1984 wurde sie postum in die *Blues Hall of Fame* aufgenommen – sie war im Sommer desselben Jahres verstorben.

Unvergessen ist sie auch durch ihre Verbindung
zu *Janis Joplin* – diese hörte, selbst noch
unbekannt und gerade als Sängerin bei der
kalifornischen Band *Big Brother & The Holding
Company* eingestiegen, 1966 ein Konzert von *Big
Mama Thornton* und bat sie anschließend, ihren
Song „Ball In Chain" ins eigene Repertoire
aufnehmen zu dürfen. Fortan spielte *Janis Joplin*
den Titel bei allen ihren Liveauftritten, so beim

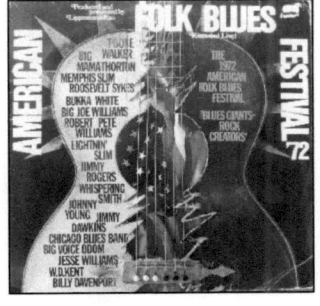

Monterey Popfestival, im *Fillmore East* oder in *Woodstock;* er wurde zu einer Art
Erkennungsmelodie für *Janis*. Und so will ich auch heute die Ballade über den

Gefangenen, der die Eisenkugel immer an der
Kette mit sich schleppt – eine Metapher für die
Unterdrückung der Frau in der Ehe – in zwei
Versionen spielen: Zunächst *Big Mama Thornton &
The Blues Band* beim *American Folk Blues Festival*
1972, anschließend *Janis Joplin* und ihre *Full Tilt
Boogie Band* am 4. Juli 1970, auf den Tag genau
drei Monate vor ihrem frühen Tod, live im
kanadischen Calgary.

Big Mama Thornton / Janis Joplin: Ball In Chain

Während *Janis Joplin* und *Big Mama Thornton* zweifellos noch heute zu den
bekanntesten Blues-Interpretinnen des 20. Jahrhunderts zählen, ist sie heute
weitgehend vergessen: *Judith Allen Roderick,* die von *Allmusic* als *„eine der besten weißen
Folk/ Blues-Sängerinnen der frühen bis mittleren 60er Jahre"* [16] beschrieben wurde. 1942
geboren, begann sie an der *University of Colorado,* Blues, Folk und Country zu
singen. 1964 erschien ihr erstes Album „Ain't Nothin' But The Blues" bei *Columbia
Records.* Im selben Jahr trat sie beim *Newport Folk Festival* auf und erspielte sich in
den zahlreichen Clubs der amerikanischen Ostküste eine treue Anhängerschaft.
1966 tourte sie erstmals in Großbritannien, gründete später eine eigene Band und
arbeitete unter anderem mit *Mac Rebennack* alias *Dr. John* zusammen. Nur 49jährig
ist *Judy Roderick,* die seit ihrer Kindheit an Diabetes litt, 1992 an einem Herzinfarkt
verstorben.

---

[16]   https://www.allmusic.com/artist/judy-roderick-mn0000302112.

Auf einer 1965 bei einem der zahlreichen *Hootenanny*-Festivals in den USA mitgeschnittenen Liveplatte unter dem Titel „All The Folk There Is" findet sich *Judy Roderick* mit ihrem Blues „Down In My Soul", der nun in Erinnerung an die zu Unrecht Vergessene erklingen soll.

Judy Roderick: Down In My Soul
Margie Evans: Sometimes I'll Be Gone

„Sometimes I'll Be Gone" – nach *Judy Roderick* war das die 1939 geborene *Margie Evans*. Beeinflusst von *Bessie Smith* und *Big Mama Thornton,* widmete sie sich als Ehefrau eines Predigers zunächst dem Gospel.

Ihre eigentliche Karriere nahm erst in den 1980ern Fahrt auf, nachdem sie anlässlich ihres Auftritts bei den (West-)Berliner Jazztagen 1975 den Konzertpromoter *Horst Lippmann* kennengelernt hatte, der 1982 ihr erstes Album produzierte und sie im selben Jahr mit dem *American Folk Blues Festival* auf Tour schickte – es war dann leider auch der letzte Jahrgang des Festivals. Der aber ist auf dem ebenfalls beim *L+R-Label* von *Lippmann* und *Rau* erschienenen Livealbum bestens dokumentiert – wir hörten „Sometimes I'll Be Gone", aufgenommen im Palmengarten in Frankfurt am Main. Begleitet wurde die Sängerin von den jungen Gitarristen *Elisha Murray* und *Lurrie Bell,* dazu dessen Vater *Carey Bell* an der Bluesharp, *J. W. Williams* am Bass und *Mose Rutues Jr.* am Schlagzeug.

81jährig ist *Margie Evans* im März des vorigen Jahres verstorben. Zum Abschluss der heutigen LiveRillen werden wir sie noch einmal erleben, dann im Duett mit dem Gitarristen und Sänger *John Cephas.*

Den hören wir jetzt zunächst mit seinem langjährigen Duo-Partner, dem Mundharmonikaspieler *Phil Wiggins.* Beide gelten als wichtigste Vertreter des so genannten *Piedmont-Blues,* ein in der gleichnamigen Region zwischen Maryland und Georgia beheimateter Stil, der die authentische Simplizität und eine gewisse Leichtigkeit des traditionellen ländlichen Blues der Ostküste verkörpert. Ein gutes Dutzend Platten haben *Cephas & Wiggins* in den zwei Jahrzehnten ihrer Zusammenarbeit veröffentlicht; *John Cephas* ist 2009 im Alter von 78 Jahren verstorben; der 1954 geborene *Phil Wiggins* ist noch heute aktiv. 1982 waren sie beim letzten der verdienstvollen *American Folk Blues Festivals* dabei – hier interpretieren sie den Blues vom „Big Boss Man", geschrieben von *Luther Dixon* für *Jimmy Reed,* dessen Single 1961 erschienen war, und oft und gern gecovert, so unter anderem von *Grateful Dead, The Who, Tom Petty, Steve Miller* oder *David Bowie.*

Danach noch einmal der in Chicago geborene Gitarrist und Sänger *Lurrie Bell,* Sohn des Harmonikavirtuosen *Carey Bell* und damals gerade Anfang Zwanzig, gemeinsam mit der *Chicago's Young Blues Generation* und einem Titel des Bluesveteranen *Albert King:* „Detroit, Michigan", ebenfalls aufgenommen beim 82er Festival in Frankfurt am Main.

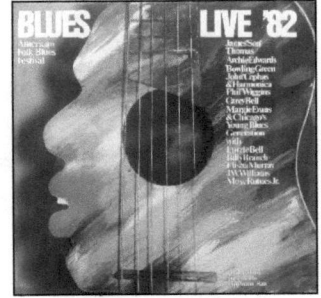

John Cephas, Phil Wiggins: Big Boss Man
Lurrie Bell & Chicago's Young Blues Generation: Detroit, Michigan

Lurrie Bell, der heute zu den wichtigsten lebenden Vertretern des traditionellen Chicago-Blues in den USA gehört – 2007 und 2008 hat er den *Living Blues Award* als bester Gitarrist erhalten, und 2015 wurde er von der *Blues Foundation* in Memphis als *Best Traditional Male Blues Artist* ausgezeichnet. Da hatten *Horst Lippmann* und *Fritz Rau* also bereits vor vierzig Jahren den richtigen Riecher, wie sie überhaupt dafür gesorgt haben, dass die reiche US-amerikanische Folkbluestradition nach wie vor lebendig ist und dies nicht zuletzt auch dank ihrer Vinyl-Publikationen bleiben wird.

Das Vermächtnis dieser beiden verdienstvollen Konzertagenten und (im wahrsten Sinne des Wortes) Kultur Schaffenden wird übrigens seit 2006 von der *Lippmann+Rau-Stiftung* fortgesetzt; ihr Nachlass *(Lippmann* starb 1997, *Rau* im Jahr 2013) war zudem Grundstock des umfangreichen *Lippmann+Rau-Archivs,* das heute vom *Jazzclub Eisenach* in der Alten Mälzerei der thüringischen Stadt am Fuße der Wartburg gepflegt wird.

Zum Abschluss für heute noch das Traditional „Bye Bye Baby", mit dem sich *Margie Evans, John Cephas* und *Phil Wiggins* in der Siegerlandhalle Siegen passenderweise vom *American Folk Blues Festival* 1982 verabschiedet haben…

Die nächste LiveRille im April präsentiert straighten Bluesrock des demnächst hierzulande live zu erlebenden Gitarrenvirtuosen *Joe Bonamassa.* Außerdem wird der Berliner Gitarrist *Alex Conti* anlässlich seines 70. Geburtstages gewürdigt, der unter anderem bei *Lake* und *Atlantis* in die Saiten griff.

Margie Evans, John Cephas, Phil Wiggins: Bye Bye Baby

Quellen:

- Stefan Diestelmann: Live, LP, Jupiter Records, 1985
- Elton John: Live Collection, Do.-LP, Pickwick Records, 1976
- Elton John: Live In Australia, Do.-LP, Happenstance/Phonogram, 1987
- Janis Joplin: Janis In Concert, Do.-LP, CBS, 1972
- All The Folk There Is: Recorded Live At The American Hootenanny Festival (1965, u. a. Greenbriar Boys, Logan English, Judy Roderick, Steel Singers), Stateside, 1965
- American Folk Blues Festival 66 – 1, LP, AMIGA, 1968
- American Folk Blues Festival 66 – 2, LP, AMIGA, 1968 (u. a. Otis Rush, Big Joe Turner, Junior Wells, Robert Pete Williams)
- American Folk Blues Festival '72 (u. a. Big Mama Thornton, T-Bone Walker, Jimmy Rogers, Memphis Slim), Do.-LP, L+R Records/Bellaphon, 1980
- American Folk Blues Festival: Blues Live '82 (u. a. "Harmonica Phil" Wiggins, "Bowling Green John" Cephas, Archie Edwards, Lurrie Bell, "Eli" Murray, J. W. Williams), Do.-LP, L+R Records/Bellaphon, 1983

No. 49: Welten aus sechs Saiten: Alex Conti und Joe Bonamassa

April 2022

Mit dieser 49. LiveRillen-Ausgabe beginnt hier auf Radio Corax das fünfte Jahr der Sendereihe, und für heute kann ich den Gitarrenfreunden unter euch – und insbesondere den bluesorientierten – höchsten Genuss versprechen, denn die gesamte Ausgabe ist im wesentlichen zwei Musikern gewidmet, die dieses Instrument in einem Maße beherrschen, dass es mir dilettierendem Saiten-Amateur jedes Mal glatt die Sprache verschlägt: Zunächst gratuliere ich dem nach Meinung von *Siegfried Schmidt-Joos „wohl am meisten unterschätzten Musiker Deutschlands"*, dem Berliner Gitarristen *Alex Conti,* zum 70. Geburtstag, den er am 2. April feiern kann, und danach widme ich mich einem äußerst populären, erfolgreichen, hochklassigen und zudem noch extrem fleißigen Könner auf den sechs Saiten: *Joe Bonamassa,* der in Kürze hierzulande auf Tour sein wird und zudem dann im Mai dieses Jahres sein 45. Lebensjahr vollendet!

Zunächst also zu *Alex Conti.* Dessen große Zeit waren zweifellos die 1970er Jahre, und das zeigt schon, wie ungerecht und verkürzend es in der Pop- und Rockwelt zugeht, denn noch heute zählt er als Mitglied von *Lake,* der *Hamburg Blues Band* und diversen weiteren Projekten hierzulande zu den kreativsten und besten Rock-Gitarristen. Doch der Reihe nach…

Schon als Jugendlicher infiziert sich *Conti* derart heftig am Rythm&Blues-Virus, dass er 17jährig die Schule hinschmeißt und in die seinerzeit populäre Westberliner Blues-Band *Curly Curve* einsteigt. Anfang der 70er sammelt er Erfahrungen in britischen Bands, ehe ihn ein Angebot nach Hamburg lockt: *Inga Rumpf* hat dort nach dem Aus ihrer legendären Band *Frumpy* gemeinsam mit deren Keyboarder *Jean-Jaques Kravetz* neue Musiker um sich geschart und als *Atlantis* nicht etwa untergehen, sondern im Gegenteil an die Spitze der deutschen Bands aufsteigen lassen. Hier ersetzt *Alex Conti* 1974 den vorherigen Gitarristen *Frank Diez* und steigt auch gleich ins Songwriting mit ein. Im Folgejahr erscheint das bis heute die Maßstäbe deutschen Bluesrocks mitbestimmende Doppelalbum „Atlantis – Live". Zudem wird die Band in die USA eingeladen und tourt dort im Vorprogramm von *Aerosmith* und *Lynyrd Skynyrd;* es geht die Legende, *Skynyrd*-Boss *Ronny van Zandt* habe *Conti* angeboten, den Platz ihres gesundheitlich angeschlagenen Gitarristen *Ed King* einzunehmen; *Conti* habe abgelehnt. Wer weiß, was daraus geworden wäre…

Hier nun aber endlich Musik von und mit *Alex Conti,* denn er ist neben dem seinerzeit neuen *Atlantis*-Keyboarder *Adrian Askew* Co-Autor des langsamen Blues „Somewhere", bei dem *Inga Rumpf* ihre prachtvolle Röhre beeindruckend entfalten kann. Anschließend der *Atlantis*-Klassiker „New York City". Die Hymne auf Big Apple stammt komplett aus der Feder von *Adrian Askew,* der zuvor in Großbritannien unter anderem bei *Edison Lighthouse* und den *Foundations* gespielt hatte – später war der 1947 in Nordengland Geborene vornehmlich als Werbe-

und Filmkomponist tätig und hat sogar bei der DDR-Band *Karat* als Gastmusiker und Produzent gewirkt – heute ist er Mitglied der aktuellen Besetzung von *Colosseum.* Beide *Atlantis*-Titel stammen vom genannten Doppel-Livealbum, aufgenommen 1975 mit dem mobilen Tonstudio von *Dieter Dierks* in der Hamburger „Fabrik".

Atlantis: Somewhere / New York City

Inga Rumpf, inzwischen 75, ist ja noch immer musikalisch aktiv und hat ihren Platz im deutschen Rock-Olymp seit langem sicher, auch wenn es in ihrer Karriere durchaus auch Tiefen gab – insbesondere die vom *Lindenberg*-Hype der Mittsiebziger veranlassten Ausflüge ins deutschsprachige Songwriting als „Second-Hand-Mädchen" (so der Titel ihrer ebenfalls 1975 bei Philipps erschienenen Solo-LP) bekamen der Hamburgerin nicht allzu gut.

Zurück zu *Alex Conti,* den der musikalische Weg nach zwei erfolgreichen *Atlantis*-Jahren zu *Lake* führte, einer norddeutschen Band mit teils britischem Personal, die zu diesem Zeitpunkt den Sprung ins internationale Geschäft anpeilte. Der gelang mit der 1976er – schlicht „Lake" betitelten – Debüt-LP, für die es 1977 den *Deutschen Schallplattenpreis* gab, auch recht gut: Nach einer Deutschland-Tour mit den Twin-Guitar-Spezialisten von *Wishbone Ash* folgten Gastspiele in Großbritannien und den USA, wo *Lake* unter anderem gemeinsam mit *Lynyrd Skynyrd, Blue Öyster Cult, Black Oak Arkansas,* dem ex-*Procol-Harum*-Gitarristen *Robin Trower* oder *Neil Young* auf der Bühne standen. Soundprägend dabei die beiden Keyboarder *Geoffrey Peacey* und *Detlef Petersen,* dessen an *Uriah Heep, Boston* oder *Foreigner* angelehnte Kompositionen dem gitarristischen Können von *Alex Conti* genug Raum zur Entfaltung ließen. Weiterhin gehörten zur damaligen *Lake*-Besetzung der Bassist *Martin Tiefensee, Dieter Ahrendt* am Schlagzeug sowie der Brite *James Hopkins-Harrison* als stimmgewaltiger Frontmann. So wurden sie auf dem

Höhepunkt ihres Erfolgs 1977 von der *Deutschen Phono-Akademie* zu „Künstlern des Jahres" gewählt.

Dass *Lake* dann doch nicht den ganz großen Sprung schafften und als ewiger Geheimtipp die nachfolgenden Jahre mit diversen Personalwechseln zu überstehen hatten, ist bekannt. 1988 gabs das Aus für die Band; Sänger *Hopkins-Harrison* setzte sich 1991 den Goldenen Schuss. Dann gab es aber 2003 ein gelungenes *Lake*-Comeback, das bis heute anhält, und *Alex Conti* ist noch immer dabei. Hier nun zwei Titel von *Lake* aus ihrem 1982 bei CBS erschienenen Doppel-Live-Album „On The Run": Zunächst „Paradise Way" aus der Feder von Keyboarder *Detlef Petersen* und danach das Reggae-inspirierte „Jamaica High", an dem auch *Alex Conti* kompositorisch mitgearbeitet hat.

Lake: Paradise Way / Jamaica High

Die deutsch-britische Band *Lake* mit *Alex Conti* an der Gitarre, der später unter anderem mit *Herwig Mitteregger* zusammengearbeitet hat und heute noch mit der *Hamburg Blues Band* gut im Geschäft ist. Zum 70. Geburtstag schon mal Glückwunsch, Gesundheit und weiterhin kreative Schaffenskraft!

Nun aber zu *Joe Bonamassa,* obgleich dessen halbwegs runder Geburtstag – es ist der 45. – erst im nächsten Monat ansteht: Am 8. Mai 1977 wurde *Joe Bonamassa* in New Hartford im US-Bundesstaat New York als Sohn eines Gitarrenhändlers geboren. Rund um diesen Geburtstag herum wird *Bonamassa* in Deutschland auf Tour sein, und da will ich schon im Vorfeld ganz uneigennützig für ihn die Lanze brechen, obgleich das eigentlich kaum nötig sein dürfte: Alle, die sich für gitarrenlastigen Bluesrock an der Nahtstelle zwischen Tradition und Moderne erwärmen, haben ihn zweifellos längst auf dem Schirm.

Sein außergewöhnliches Talent wurde frühzeitig deutlich; mit vier Jahren begann er auf einer für ihn eigens angefertigten Gitarre zu üben, mit 12 Jahren jammte er gemeinsam mit *B.B. King,* und mit 14 präsentierte er im Firmenauftrag von *Fender* deren Gitarren. Seine erste Band *Bloodline* (nicht zu verwechseln mit der gleichnamigen schwedischen Black-Metal-Band!) hatte eine illustre Besetzung: die Söhne von *Miles Davis,* dem *Doors*-Gitarristen *Robbie Krieger* und dem *Allman-Brothers*-Bassisten *Berry Oakley* komplettierten mit dem Keyboarder *Lou Segreti* neben *Bonamassa* das Line-Up. Die Plattenfirma *EMI* öffnete dem jungen Quintett gern die Türen, und heraus kamen mit „Stone Cold Hearted" und „Dixie Peach" 1994 gleich zwei Single-Hits in den US-Charts.

Seit der Jahrtausendwende hat *Joe Bonamassa* dann unter eigenem Namen Studio-
und Livealben in beeindruckender Zahl veröffentlicht – er selbst listet 45 auf, bei
denen er involviert war, und ein Ende dieser fast beängstigenden Kreativität ist
nicht abzusehen. Auf diese manische Arbeitswut angesprochen sagte *Bonamassa* im
Vorjahr: *„Du kannst alle fünf Jahre eine Platte machen, oder du kannst dich selbst
herausfordern und versuchen, kreativ genug zu sein, um mehr zu machen und dabei nicht
vorhersagbar zu sein – das war Zeit meines Lebens mein Ziel.“* [17] Und das hat er bisher
jedenfalls zweifellos erreicht.

Als musikalischen Einstieg habe ich seinen „Slow
Train" ausgewählt vom 2012 erschienen
Doppelalbum „Live From New York", bei dem er
zahlreiche Gäste auf der Bühne des *Beacon Theatre*
präsentierte – dazu später dann mehr.

Joe Bonamassa: Slow Train

Dass der gebürtige New Yorker nicht etwa – wie man vermuten könnte – durch
den schwarzen amerikanischen Blues geprägt wurde, sondern seine ersten Impulse
durch das britische Bluesrevival der 1960er und frühen 70er Jahre erhielt, liegt
nach eigener Aussage an seinem Vater: Der *„hörte sehr viel Cream, Jeff Beck und Jethro
Tull, und diese Bands waren logischerweise meine Initiation"*[18], sagte er 2020 der
Musikzeitschrift *GoodTimes*. *„Der englische Blues war meine Eintrittskarte in diese Musik"*,
so *Bonamassa* weiter, der natürlich über diesen Umweg auch bei den echten Roots
und ihren Vertretern landete, bei *Muddy Waters, Howlin' Wolf* oder *Willie Dixon*. Wie
er sich diese zu eigen macht, dazu komme ich später – hier zunächst eine
Bonamassa-Huldigung an einen der Wegbereiter des britischen Blues, der in den
späten 60ern mit seiner Band *Taste* Maßstäbe setzte: *Rory Gallagher*. Der leider viel
zu früh verstorbene, trinkfeste und bodenständige Ire mit der zerschrammten
Fendergitarre spielt uns jetzt seinen „Cradle Rock" – dafür lege ich *Gallaghers* 1974
im *My Father's Place* zu New York aufgenommene und ziemlich seltene Liveplatte
„Riding Shotgun" auf den Plattenteller. Anschließend gibt's dann die Fassung von
Joe Bonamassa aus seinem Album „Live From New York", aufgenommen 2012 im
dortigen *Beacon Theatre*.

---

[17] GoodTimes, 05/2021, S. 46.
[18] GoodTimes, 05/2020, S. 24.

Rory Gallagher / Joe Bonamassa: Cradle Rock

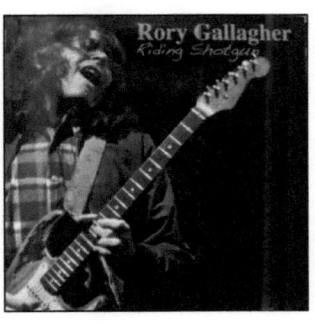

Joe Bonamassa mit *Rory Gallaghers* „Cradle Rock", in dem der Ire eine Fülle von Argumenten anbringt, auf dass ihn die Angebetete doch endlich erhöre: *„Wenn ich eine Wiege wäre, würdest du mich schaukeln lassen / Wenn ich ein Pony wäre, würdest du mich traben lassen / Wenn ich das Atom wäre, würdest du mich in drei Teile teilen / Aber wenn ich dich sehen will, Baby / Wie kommt's, dass du dann deine Tür vor mir verschließt?"*

Vielleicht hat *Bonamassa* die Verse ja an die schottische Songwriterin *Sandi Thom* gerichtet, mit der er eine Zeitlang liiert war; aktuell scheint der Mittvierziger aber wieder ungebunden zu sein; seine Verflossene ist inzwischen ja anderweitig verheiratet… Mit „I Wish I Was a Punk Rocker (With Flowers in My Hair)" hatte die Schottin 2006 ihren größten Erfolg – das aber nur am Rande.

Zurück zu *Joe Bonamassa*. Schon 2012 zitierte ihn die Zeitschrift *GoodTimes* mit der Aussage: *„Ich bin ein britischer Typ, mich haben Stars wie Paul Kossoff, Eric Clapton oder Jeff Beck in jungen Jahren schwer beeindruckt"* [19].

Ein weiterer stilistischer Wegweiser für den 25 Jahre jüngeren *Joe Bonamassa* war zweifellos *Gary Moore*. Der 1952 in Nordirland geborene Gitarrist, Sänger und Songschreiber hat ja – vom Blues kommend – beachtliche Ausflüge ins Hardrock-Metier unternommen, so etwa mit *Thin Lizzy*, dem ex-*UFO Neil Carter* oder den *Deep-Purple*-Heroen *Ian Paice* und *Glenn Hughes*, um schließlich im letzten Jahrzehnt seines nur 59 Jahre währenden Lebens zum Bluesrock zurückzufinden Und genau dort treffen sich jetzt die Generationen ganz stimmig beim „Midnight Blues".

Zunächst das Original von *Gary Moore*, 1990 im schweizerischen Montreux mitgeschnitten und kurz darauf von *Swingin' Pig Records* nicht ganz legal auf den Markt gebracht – *„Realized Somewhere Over The Rainbow"*, so das ironische Motto der Luxemburger Bootleg-Spezialisten. An der Seite von *Gary Moore* übrigens unter anderem Keyboarder *Don Airey*, der einst bei *Colosseum* und heute bei *Deep Purple* die Tasten drückt, dazu *Andy Pyle* am Bass, der auch schon bei *Savoy Brown* und den *Kinks* gespielt hat, und der gestandene Blues-Drummer *Graham Walker* am Schlagzeug – als *Special Guest* ist bei einigen Titeln *Albert Collins* dabei.

Danach die *Bonamassa*-Version des „Midnight Blues" – der Youngster setzt ausgesprochen zart an, was ihm die Möglichkeit zu fulminanten Steigerungen

---

[19] GoodTimes, 03/2012, S. 83.

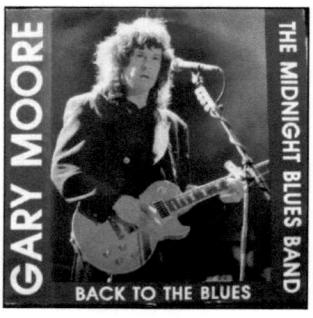

eröffnet, wenn das Schlagzeug einsetzt. Eine wunderbare Fassung, die dem zweifellos ebenfalls grandiosen Original keineswegs nachsteht.

Gary Moore / Joe Bonamassa: Midnight Blues

Nun ein weiterer interessanter Vergleich in Bezug auf die von *Bonamassa* im britischen Bluesrock verorteten frühen Inspirationen. Ausdrücklich benannte er ja dabei den *Free*-Gitarristen *Paul Kossoff,* und so liegt es nahe, dass er auch ein paar *Free*-Klassiker im Konzert präsentierte, darunter „Walk In My Shadow". Das ist ja quasi ein Paradebeispiel dafür, wie man das 12-taktike Blues-Schema richtig zum Grooven bringen kann. Und ich habe gleich drei Fassungen zusammengestellt: Zunächst eine Aufnahme, die *Free* im Sommer 1968 – da waren sie ganz frisch am Start – bei ihrer ersten *BBC*-Session für die Sendung *Top Gear* live eingespielt haben. Im Anschluss begrüßt *Joe Bonamassa* den

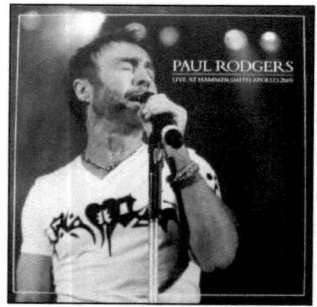

einstigen *Free*- und *Bad-Company*-Frontmann *Paul Rodgers* als Gast auf der Bühne des *Beacon Theatre,* um mit ihm gemeinsam den Klassiker zu zelebrieren, und als dritte Version lege ich dann noch das *Paul-Rodgers*-Album „Live At Hammersmith Apollo" von 2009 auf, das genau mit diesem Stück aufmacht. Also, Freunde, dann groovt euch mal richtig ein…

Free / Joe Bonamassa / Paul Rodgers: Walk In My Shadow

Wie schon gesagt, entdeckte *Bonamassa* den schwarzen Blues erst über den Umweg des weißen britischen Bluesrevivals der 1960er/70er Jahre, dann aber richtig und intensiv. Die Auseinandersetzung mit diesem reichen musikalischen Erbe dauert bei *Bonamassa* bis heute und sicher auch in Zukunft an, ohne dass sich der Gitarrist darauf beschränken und festlegen ließe. Hin und wieder aber widmet er eine ganze Platte oder ein komplettes Konzert dem Blues und seinen herausragenden Protagonisten der vergangenen Jahrzehnte. So bei seiner 2015 unter dem sprechenden Motto „Muddy Wolf At Red Rocks" stehenden Konzerttournee, deren Extrakt im selben Jahr bei *Provogue* auf gleich drei Vinylscheiben erschienen ist. *Bonamassa* zelebriert hier mit einer großartigen Band, aus der ich neben dem kompletten Bläsersatz den in Südafrika geborenen Jazzrock-Drummer *Anton Fig*, den Bluesharp-Virtuosen *Mike Henderson* sowie den vor allem in Country-Gefilden gefragten Session-Bassisten *Michael Rhodes* hervorheben will, seine wertschätzende Annäherung an die Heroen; eine Annäherung, die stets zugleich auch eine Entwicklung, ein zeitgemäßes Weiterdenken beinhaltet. Aber ich glaube, besser als mit dürren Worten beschreibt das *Bonamassas* Gitarrenkunst selbst, die wir jetzt genießen können bei zwei Bluesnummern aus der Feder von *McKinley Morganfield,* besser bekannt als *Muddy Waters:* „I Can't Be Satisfied" und „Stuff You Gotta Watch". *Joe Bonamassa* – hier ganz in seinem Blues-Element.

Joe Bonamassa: I Can't Be Satisfied / Stuff You Gotta Watch

Übrigens gilt *Bonamassa* auch als fanatischer Gitarrensammler – kein Wunder wohl, wenn man quasi in einem Gitarrengeschäft aufwächst. Und so listet *Bonamassa* auf seinen Platten auch stets akribisch jene Instrumente auf, die bei den Aufnahmen und Konzerten zum Einsatz kamen – im Fall von „Muddy Wolf At Red Rocks" sind das vier *Gibson*-Modelle, dazu zwei *Fender Stratocaster* und eine *Telecaster,* gespielt über vier *Fender*-Verstärker aus den späten 50er Jahren, alles ganz retro also.

Wer *Bonamassa* nun aber auf die elektrische Bluesrock-Schiene festlegen will, liegt falsch: Er ist auch ein ausgezeichneter Akustikgitarrist, und ich gestehe, dass er mir besonders gefällt, wenn er seine *Martin*-Gitarren der Baujahre 1947, 1950 und 1972 spielt, die phantastisch klingen und ganz sicher auch ihren phantastischen Preis haben.

2018 ist ebenfalls bei *Provogue* ein Konzert in der legendären New Yorker *Carnegie Hall* unter dem Titel „An Acoustic Evening" erschienen, ebenfalls auf drei Vinylplatten verteilt, die man locker nacheinander hören kann, ohne sich dabei auch nur für einen Moment zu langweilen. Unterstützt von mehreren Backgroundsängerinnen kleidet *Bonamassa* vornehmlich Eigenkompositionen in ein transparentes akustisches Kleid, ohne dass sie dadurch an Dynamik und Groove verlören. Am Schlagzeug wiederum *Anton Fig,* der Bass wird durch das

Cello ersetzt, das die weltbekannte, in China geborene Cellistin *Tina Guo* streicht, und an Mandoline, Banjo, Saxofon und Flöte verleiht *Eric Bazillian* dem Sound zusätzliche Farben, der ansonsten zu den prägenden Mitgliedern der *Hooters* gehört, die im Übrigen auch in diesem Sommer in Leipzig auf der *Parkbühne* zu erleben sein werden.

Hier aus diesem Akustik-Konzert zwei Titel von *Bonamassa* himself: „Dust Bowl", das vom Zwiegespräch zwischen Gitarre und Flöte lebt, und anschließend „Driving Towards The Daylight", das *Bonamassa* gemeinsam mit seinem Gitarren-

Kumpel *Danny Kortchmar* aus dem Umfeld von *James Taylor* und *Carole King* geschrieben hat. Bei dem Stück achtet unbedingt auf das sensible Cellospiel von *Tina Guo* und das perlende Banjo von *Eric Bazillian*.

Joe Bonamassa: Dust Bowl / Driving Towards The Daylight

Kurz vor seinem 45. Geburtstag am 8. Mai wird *Joe Bonamassa* in Deutschland auf Tour sein: Hannover, Saarbrücken, Frankfurt, Berlin und Düsseldorf stehen im Tourkalender. Dass er sich selbst auf seinen Geburtstagstisch ebenso viele Plattenveröffentlichungen legen kann, zeigt, dass er ein echter Workaholic ist und wohl auch noch eine Zeitlang bleiben wird: Die nächsten zehn Jahre seien schon mehr oder weniger verplant, ließ er gegenüber der Zeitschrift *GoodTimes* verlauten – später wolle er vielleicht unter die Produzenten gehen oder einen Antikladen eröffnen; nun ja. Abseits von Studio und Bühne ist er ohnehin aktiv; so hat er eine eigene Radioshow kreiert, in der er interessante Menschen interviewt, und engagiert sich caritativ. Zudem hat *Bonamassa* die „Keeping The Blues Alive Foundation" gegründet und betreibt unter diesem Namen inzwischen auch ein eigenes Label. Während der Pandemie war und ist er am Programm „Fuel Musicians" beteiligt, das hilfebedürftige Musiker finanziell unterstützt – dazu hat er selbst 50.000 Dollar gespendet. Diese Initiative – so *Bonamassa* dazu – sei *„eine der Sachen, auf die ich am meisten stolz bin in meiner Karriere"* [20].

Dass er seit vielen Jahren der US-amerikanischen Songwriterin und Sängerin *Beth Hart* freundschaftlich verbunden ist, wovon etliche gemeinsame Studio- und Konzertaufnahmen zeugen, habe ich ja bereits in der Januarsendung der *LiveRillen* ausführlich thematisiert (siehe hier S. 103 ff). Mit einem weiteren Zeugnis dieser

---

[20] GoodTimes, 05/2021, S. 46.

fruchtbaren künstlerischen Zusammenarbeit soll die heutige Ausgabe der *LiveRillen*
enden: *Beth Hart* und *Joe Bonamassa* interpretieren gemeinsam „I Love You More
Than Youl'll Ever Know", das der in den 1960ern so erfolgreiche *Al Kooper*
geschrieben hat; jener Mann also, der die Orgel bei *Bob Dylans* legendärer
Aufnahme von „Like A Rolling Stone" spielte, das *Blues Project* und *Blood, Sweat &*
Tears aus der Taufe hob und auch die Produktionsleitung für *Dylans* „Blonde On
Blonde"-LP innehatte. Leider hat er sich schon 1974 aus dem aktiven
Musikgeschäft zurückgezogen.

Joe Bonamassa und *Beth Hart* allerdings machen
weiter, und ich auch – mit den *LiveRillen,* deren
50. Ausgabe im Juni zu hören sein wird. Hier aber
zunächst noch *Bonamassa* und *Hart* im
hörenswerten Gitarren-/Gesangs-Duett…

Joe Bonamassa / Beth Hart: I Love You
More Than You'll Ever Know

Quellen:

- ➢ Atlantis: Live, Do.-LP, Vertigo, 1975
- ➢ Joe Bonamassa: Beacon Theatre / Live From New York, Do.-LP, Provogue, 2012
- ➢ Joe Bonamassa: Muddy Wolf At Red Rocks, 3-LP-Set, Provogue, 2015
- ➢ Joe Bonamassa: Live At Carnegie Hall – An Acoustic Evening, 3-LP-Set, Provogue, 2017
- ➢ Rory Gallagher: Riding Shotgun (New York 1974), LP, Discos Toro Salvaje
- ➢ Beth Hart/Joe Bonamassa: Live In Amsterdam, 3-LP-Set, Provogue, 2014
- ➢ Lake: Live – On The Run, Do.-LP, CBS, 1982
- ➢ Gary Moore And The Midnight Blues Band: Back To The Blues, Do.-LP, Swingin' Pig Records, 1991
- ➢ Paul Rodgers: Live At Hammersmith Apollo 2009, Do.-LP, BoB, 2015

- ➢ Joe Bonamassa – Bis die Saiten qualmen. In: GoodTimes, 03/2012, S. 83.
- ➢ Joe Bonamassa – Die feine englische Art. In: GoodTimes, 05/2020, S. 24.
- ➢ Joe Bonamassa – Eine Frage des Timings. In: GoodTimes, 05/2021, S. 46.

No. 50: Markante Riffs der Rockmusik

Mai 2022

Tja, kaum zu glauben, aber wahr: Dies ist die 50. LiveRillen-Ausgabe – was für ein schönes Jubiläum! Und zur Feier des Tages habe ich mir was Besonderes ausgedacht; eine thematische Sendung nämlich, für deren hohen Wiedererkennungswert ein wichtiges Element der populären Musik sorgt, das genau diesen Ohrwurmcharakter mit Widerhakeneffekt erzeugt und uns dadurch unweigerlich in seinen Bann zieht: *Der Riff in der Rockmusik!* (Ja, tatsächlich, dieser *Riff* ist grammatikalisch gesehen ein Maskulinum; wir befinden uns schließlich nicht in gefährlichen Gewässern...).

Na, da sehe ich doch schon die ersten von euch zur Luftgitarre greifen, denn natürlich sind es genau jene Themen, die uns gleich mit den ersten Takten so unwiderstehlich packen: *„Ein Riff ist in der Musik ein kurzes, melodisch oder rhythmisch prägnantes Motiv, das durch ostinate Wiederholung einer zwei- oder viertaktigen Melodiereihung gekennzeichnet ist und dadurch einen hohen Wiedererkennungswert hat"* [21], fasst Wikipedia das Phänomen in einem Satz stimmig zusammen. Das Online-Lexikon <u>wissen.de</u> verweist auf die Herkunft des Riffs aus der afrikanischen Musik und weiß zudem, dass er als Spannung erzeugendes Element ein *„zentrales Stilmittel im Jazz und im Swing"* [22] sei.

„Besonders populär sind Riffs in den Blues-verwandten Stilrichtungen wie Blues-Rock und Hard-Rock und auch im Metal", ergänzt die Website <u>de-academic.com</u> und fügt hinzu, sie bestünden häufig aus offenen Quinten, *„die man in der Rockmusik und Popmusik als Powerchords bezeichnet"* [23].

Na, da haben wir doch schon eine ganze Menge gelernt: Ein guter Riff also

„zeichnet sich – jenseits aller theoretischen Betrachtungen – immer durch seine ‚Unmittelbarkeit' aus, die den Hörer in ihren Bann zieht" [24], lautet das Fazit, dem ich mich gern anschließe, um den gelehrten Ausführungen nun zwei Stunden lang praktische Beispiele folgen zu lassen. Die habe ich zeitlich grob geordnet – wir steigen in den 1960er Jahren ein mit einem zweitaktigen, recht melodiösen Riff, der vom Zusammenspiel Gitarre / Bass lebt und den

---

[21] https://de.wikipedia.org/wiki/Riff_(Musik).
[22] https://www.wissen.de/lexikon/riff-musik.
[23] https://de-academic.com/dic.nsf/dewiki/1184822.
[24] Ebenda.

gesamten Titel in lediglich harmonischer Variation durchläuft: „Day Tripper" von den *Beatles*, aufgenommen 1966 live in Japan.

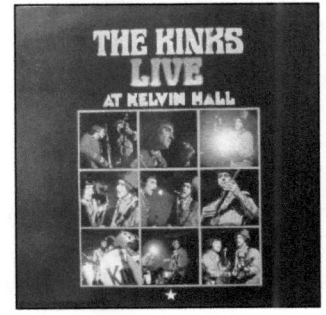

Gleich danach folgt mit den *Kinks* eine der dienstältesten, noch immer aktiven britischen Bands der Beat-Ära, denen das dynamische Brüderpaar *Ray* und *Dave Davies* bis heute den Stempel aufdrückt: „You Really Got Me" war 1964 der erste Hit der *Kinks*.

Drei Aufnahmetermine brauchten sie dafür; jedes Mal zog *Dave Davies* das Tempo etwas an, bis er mit der Fassung zufrieden war, die dann als Single am 4. August 1964 erschien und Platz Eins der britischen Charts erreichte. Der eintaktige Riff besteht aus nur zwei Tönen im Abstand einer großen Sekunde – höchst simpel, aber man muss halt erstmal drauf kommen. Auch sonst war *Dave Davies* durchaus erfinderisch: Um den markanten Verzerrersound zu erzeugen, habe er im Studio die Lautsprechermembran seines Gitarrenverstärkers mit einer Rasierklinge aufgeschnitten und zusätzlich Nadeln hineingesteckt. Nun gut – später gabs dafür glücklicherweise Effektgeräte. Um das Gitarrensolo der Studioaufnahme rankte sich zudem hartnäckig das Gerücht, der damalige Studiomusiker *Jimmy Page* habe es anstelle von *Davies* eingespielt, doch das hat der spätere Gitarrist der *Yardbirds* und Gründer von *Led Zeppelin* (die wir im Übrigen heute natürlich auch noch hören werden) stets bestritten – er habe lediglich die Rhythmusgitarrenspur verstärkt.

Garantiert nicht dabei war *Jimmy Page* bei dieser Liveaufnahme von „You Really Got Me" vom 1967 erschienenen *Kinks*-Album „Live At Kelvin Hall" – zweieinhalb Minuten kurz waren damals noch die echten Hits.

Und da aller guten Dinge Drei sind und neben den *Beatles* und den *Kinks* vor allem *The Who* in den 1960er Jahren die britische Szene mitbestimmten, dürfen auch die noch ein Riff vorstellen. *Pete Townshend* hat sich ja zahlreiche einprägsame Gitarrenfiguren einfallen lassen, man denke an „My Generation", an „Substitute" oder „I'm Free" – meine Wahl fiel auf „I Can't Explaine", aufgenommen 1968 im legendären

Fillmore East und erst zum 50jährigen Jubiläum dieses Konzerts 2018 als Dreifach-Album von *Polydor* veröffentlicht. Die Fotos des Album-Covers hatte seinerzeit

übrigens *Linda McCartney* gemacht, womit wir den Bogen zurück zu den *Beatles* schlagen, die nun den Riff-Reigen eröffnen...

Beatles: Day Tripper
Kinks: You Really Got Me
The Who: I Can't Explaine

Klar, dass gerade mit Blick auf die 1960er Jahre die *Rolling Stones* nicht fehlen dürfen. Und was *Keith Richards* da nach eigenem Bekunden in einer schlaflosen Nacht Anfang Mai 1965 während der US-Tour in einem Hotelzimmer in Florida in seinen Kassettenrecorder gespielt hat, wurde ja zur Mutter aller Rock-Riffs schlechthin: eine rhythmisch akzentuierte Tonfolge innerhalb einer kleinen Terz auf dem Grundakkord E ... Genau: „(I Can't Get No) Satisfaction" – die Zeilen brachte *Mick Jagger* am nächsten Morgen ein, und bereits drei Tage später spielten die *Stones* die neue Nummer in den legendären *Chess-Studios* in Chicago, wo auch die großen Blues-Vorbilder der *Stones* ihre Spuren hinterlassen hatten, aufs Band. Die noch im Mai veröffentlichte Single wurde ihr erster Nummer-Eins-Hit in den USA, der aufmüpfige Text machte den Song zur Hymne einer aufbegehrenden Generation – und der einprägsame Riff erhob ihn zum *Signature Song* der Band, der

(The Best Of BBC Radio Recordings 1963 - 65)

fortan bei keinem ihrer Konzerte fehlen durfte. Insofern könnte ich etwa ein Dutzend unterschiedlicher Live-Versionen anbieten; für drei habe ich mich entschieden: Zunächst eine deutlich an der Single-Fassung orientierte Version, die am 23. September 1965 für die TV-Sendung „Top Of The Pops" in den Londoner BBC-Studios live aufgenommen wurde. Das Bootleg-Label *Swingin' Pig Records* hat diese frühen BBC-Recordings 1989 auf einem Doppelalbum in gelbem Vinyl veröffentlicht.

Ebenfalls beim tanzenden Schweinchen ist ein Doppelalbum erschienen, das den Mitschnitt eines *Stones*-Konzerts an der *Leeds University* vom 13. März 1971 präsentiert; nunmehr mit *Mick Taylor* an der Gitarre, der seit 1969 den im Sommer desselben Jahres in seinem Swimmingpool ersoffenen *Brian Jones* ersetzt hatte. *Jones* war bekanntlich kurz zuvor bei den *Stones* gefeuert worden, da er mit seinem Drogenkonsum und seinen sonstigen Eskapaden zum Risikofaktor geworden war. Diese Version von „Satisfaction" ist – wie übrigens das gesamte „Get Your Leeds Lungs Out!"-Konzert – deutlich bluesorientierter, und der eigentlich auf nur einer Gitarrensaite gespielte Riff wird akkordisch aufgelöst – ganz interessant, wie ich finde. Die dritte Fassung setzt dann wieder ganz auf verzerrte Gitarren und den zweitaktigen Riff; hier ist längst *Ron Wood* neben *Keith Richards* zugange: Vom 1991 erschienenen Livealbum „Flashpoint" die ausgesprochen kraftvolle, sozusagen kompromisslose Version von „Satisfaction",

aufgenommen während der „Steel Wheels / Urban Jungle-Tour", die unter anderem im Sommer 1990 auch nach Ostberlin führte, und ich war seinerzeit natürlich im begeisterten Publikum – was für ein Erlebnis im Jahr Eins nach dem Mauerfall!

Rolling Stones: 3 x Satisfaction

Die *Rolling Stones* mit einem der berühmtesten Riffs der Rockmusikgeschichte, und wir bleiben noch in den 1960er Jahren und staunen darüber, wie viele Titel jenes Jahrzehnts ein quasi unverwüstliches Haltbarkeitsdatum aufweisen und vieles von dem, was danach kam, erstaunlich frisch überdauert haben. Die beiden folgenden Beispiele gehören zweifellos dazu.

Da wäre zunächst die 1966 gegründete erste Supergroup der Rock-Ära, die sich aus dem Umfeld des mit Namen wie *Alexis Korner* oder *John Mayall* behafteten britischen Bluesrevivals herauskristallisierte: das Trio *Cream*, bestehend aus dem singenden Bassisten *Jack Bruce*, dem exzentrischen Drummer *Ginger Baker* und als Youngster *Eric Clapton* an der Gitarre. Und von ihm stammt auch jene

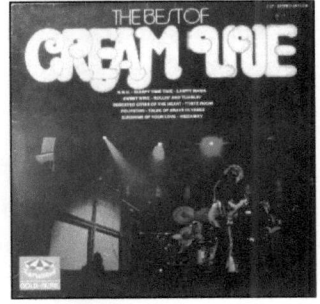

Komposition, die in exemplarischer Weise von einem zweitaktigen Gitarrenriff geprägt ist, das der Bass weitgehend übernimmt: „Sunshine Of Your Love".

Nur knapp drei Jahre Bandgeschichte, aber was für ein Erbe, das *Cream* uns da hinterlassen haben, auch wenn ihnen kein einziger echter Single-Hit vergönnt war; dazu taugten ihre von ausufernden Soli geprägten Songs einfach nicht.

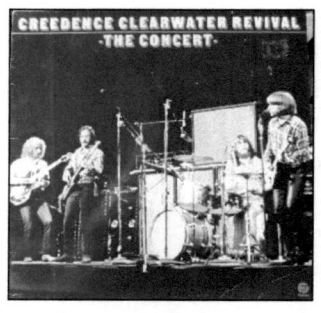

Im Gegensatz dazu konnte sich die folgende Band vor vorderen Chartplatzierungen zumindest zeitweise kaum retten: *Creedence Clearwater Revival* gehörten zwischen 1967 und 1972 zu den erfolgreichsten Gruppen weltweit, und noch heute geht kein Oldie-Abend über die Bühne, ohne dass dabei nicht zwei, drei oder mehr *CCR*-Klassiker das angegraute Völkchen aufs Parkett treiben.

Die einprägsamen Gitarren-Riffs, die beinahe jeden *CCR*-Titel auszeichnen, hat sich *John Fogerty* einfallen lassen. Der 1945 im kalifornischen Berkeley geborene Sänger und Gitarrist gehört zweifellos zu den erfolgreichsten Songschreibern überhaupt, wobei Erfolg nicht unbedingt finanziell zu deuten ist: Ein Knebelvertrag mit dem Label *Fantasy Records* und ein durch die Auflösung von *Creedence Clearwater* angefachter Rechtsstreit brachten *Fogerty* lange um seine Tantiemen und lähmten auch seine Kreativität, die er erst Mitte der 80er Jahre mit einem fulminanten Comeback und der LP „Centerfield", die in den US-Charts auf Platz Eins kam und Doppel-Platin erhielt, wiedergewann. Mit wechselnden Begleitmusikern tourte er bis zur Corona-Zwangspause regelmäßig auch in Europa, wo die alten Fans natürlich immer auch die Klassiker hören wollten, was nicht so ganz nach *Fogertys* Geschmack war, aber was soll man machen mit so einem Rucksack voller Hits, die schon beim ersten Riff zünden. Damit sind wir beim Thema und erleben hier eine viertaktige Riff-Ausgabe, mit der *CCR* ihren liebevollen Song über den alten Mississippi-Raddampfer „Proud Mary" einleiten und der wohl nicht nur meiner Silberrücken-Generation wohlbekannt sein dürfte. Den haben seinerzeit auch *Ike & Tina Turner* erfolgreich gecovert, und selbst in *Tina Turners* Solo-Zeiten gehörte er regelmäßig zum Liveprogramm der Rock-Diva. Wir genießen aber das Original, 1970 in Oakland aufgenommen. Davor *Cream* mit „Sunshine Of Your Love".

Cream: Sunshine Of Your Love
Creedence Clearwater Revival: Proud Mary

Und damit kommen wir auf unserem Streifzug durch die Rock-Riff-Geschichte (wir sind noch immer in den *Roaring Sixties!)* zu einem der längsten Titel der Rockhistorie – 17 Minuten im Studio, gar 19 Minuten live und damit jeweils eine komplette Plattenseite füllt der *Eiserne Schmetterling* im Garten Eden: *Iron Butterfly* mit „In A Gadda Da Vida". Hier ist es nun wieder ein zweitaktiger Riff, den der Bass nach einem längeren Orgel-Präludium vorgibt, bevor er von Gitarre und

Keyboards übernommen und kommentiert wird und durchgängig das Fundament für die lässig-sonore Stimme von *Doug Ingle* liefert, der auch die Tasten drückt. Eigentlich sollte das Werk ja tatsächlich „In A Garden Of Eden" heißen. Weil aber der ziemlich betrunkene *Doug Ingle* beim Studioeinspiel schwer zu verstehen war, hatte der Produzent "In-A-Gadda-Da-Vida" notiert, und dabei ist es dann schließlich geblieben.

Eingebracht hat der 1968 für ihre zweite LP in einem Take eingespielte Rockklassiker *Iron Butterfly* bestenfalls den ebenso dauer- wie zweifelhaften Ruhm als *One-Hit-Wonder*. Da sich kein weiterer Erfolg einstellen wollte, verließ *Doug Ingle* 1971 die fünf Jahre zuvor in San Diego gegründete Band, die sich im Mai desselben Jahres auflöste. Bei späteren Comeback-Versuchen war *Ingle*, der jahrelang einen Campingplatz betrieb, nie ernsthaft beteiligt; eine seit 2015 existierende Neuauflage des *Eisernen Schmetterlings* hat mit der Band von einst nur noch den Namen gemein.

Bleiben wird aber zweifellos dieser einprägsame d-Moll-Riff, dessen träge Motorik den Körper fast von allein in Bewegung versetzt, was insbesondere in der drogengeschwängerten Hippie-Ära der späten 60er bestens funktionierte. Wesentlich dazu beigetragen hat zweifellos das minutenlange Schlagzeugsolo von *Ron Bushy,* der eigentlich Meeresbiologe hatte werden wollen und neben seinem Studium als Autodidakt zuvor in kleineren kalifornischen Bands getrommelt hatte. Im Vorjahr ist der Vater von drei Töchtern, der als Gründungsmitglied die Fahne von *Iron Butterfly* am längsten hochhielt, kurz vor seinem 80. Geburtstag in Los Angeles im Kreise seiner Familie verstorben. Hier hören wir ihn höchst lebendig gemeinsam mit *Doug Ingle*, dem Bassisten *Lee Dorman* sowie dem Gitarristen *Eric Brann* auf dem 1970 erschienenen einzigen Livealbum der Band mit „In A Gadda Da Vida". Allerdings werde ich die 19 Minuten radikal auf Single-Länge herunterkürzen, da uns sonst die Zeit für weitere wichtige Riffs fehlt – ich bitte um Verständnis und hänge dafür gleich einen weiteren Riff-Klassiker dran, den ihr zweifellos erkennen werdet...

Iron Butterfly: In-A-Gadda-Da-Vida
Free: All Right Now

Unverkennbar – das waren *Free* mit ihrem Klassiker „All Right Now" – *Simon Kirke* am Schlagzeug gibt den Rhythmus vor, auf dem *Paul Kossoff* seine wuchtigen Akkorde über jeweils vier Riff-Takte hinweg rausfetzt. Sehr schön auch *Andy Frasers* Bass-Zwischenspiel, nun ja, und über das markante Organ von *Paul Rodgers* muss ich nicht viele Worte verlieren – er ist zudem schon öfter in den *LiveRillen* gewürdigt worden (siehe *LiveRillen No. 2*, S. 50ff). Die eben gehörte Aufnahme ist übrigens im Dezember 1970 im *Radiohuset Stockholm* mitgeschnitten und erst 45 Jahre später auf dem Label der *Bahrein Multimedia Company* veröffentlicht worden.

Und hier warten schon die nächsten Riffs, die jedem Rockfan geläufig sein dürften, auf ihre Chance. Ich sage nur: *Led Zeppelin,* und damit wird klar, dass wir den mit *Iron Butterfly* und *Free* angedeuteten Entwicklungsweg zum Hardrock, der sich Ende der 1960er Jahre als eigenständiger Stil herausbildete, konsequent fortsetzen, zumal eben gerade diese Musikrichtung von ihren einprägsamen Riffs lebt.

Als sich das Luftschiff 1968 in London zusammenfand, hatten seine vier Besatzungsmitglieder bereits eine gut gefüllte musikalische Visitenkarte vorzuweisen: Gitarrist *Jimmy Page* kam von den *Yardbirds* und war zudem als gefragter Studiomusiker an Produktionen von *Joe Cocker,* den *Rolling Stones* oder *Donovan* beteiligt. Bei dessen Hurdy-Gurdy-Man-Session hatte *Page* den Bassisten *John Baldwin* kennengelernt, der unter seinem Künstlernamen *John Paul Jones* dann nicht nur den Viersaiter, sondern auch diverse Tasteninstrumente bediente. Sänger *Robert Plant* und Drummer *John Bonham* hatten zuvor in Birmingham in der *Band Of Joy* zusammengespielt; *Plant* stand zudem auch bei *Alexis Korner* häufig am Mikrofon. Beste Voraussetzungen für eine große Karriere, die sich dann ja auch schnell einstellte – zwischen 1969 und 1972 erschienen vier *Led-Zeppelin*-Alben, die lediglich die jeweilige römische Zahl trugen, aber prall gefüllt waren mit Meilensteinen des bluesbasierten Hardrock: Von „Communication Breakdown" und „Immigrant Song" über „Whole Lotta Love", „Rock And Roll" oder „Black Dog" bis zu „Stairway To Heaven" vom Album No. IV. Da finden sich Riffs in Hülle und Fülle – ausgewählt habe ich „Whole Lotta Love" und spiele mal nicht die Fassung vom Konzert-Doppelalbum „The Song Remains The Same", sondern eine frühe Live-Aufnahme für die BBC-Sendung „Top Gear" vom Juni 1969. Zugänglich gemacht wiederum vom Luxemburger Bootleg-Label *Swingin' Pig*

Records unter dem Titel „Riverside Blues" und diesmal in knallbuntes Vinyl gepresst – von der Platte gibt es weltweit nur 250 limitierte Exemplare! Anschließend noch ein später entstandenes Werk des Quartetts, veröffentlicht auf ihrem sechsten Studio-Album „Physical Graffiti", das von vielen Kritikern als ein letzter Höhepunkt der Band gewertet wird – 16mal wurde das 1975

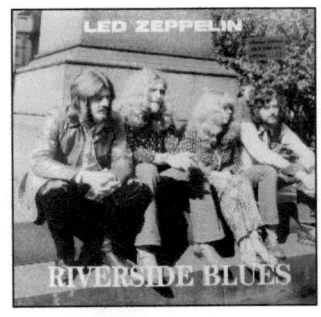

erschienene Album bis heute mit Platin ausgezeichnet, und schon das Cover mit den zu verschiebenden Fensterchen ist bemerkenswert. Darauf findet sich mit „Kashmir" einer der bekanntesten *Zeppelin*-Titel überhaupt, der durch seinen hypnotischen Rhythmus und den immer wieder die Tonleiter hinaufkletternden und nach vier Takten abstürzenden Riff eine Faszination ausübt, der man sich nur schwer entziehen kann. Schuld daran ist ein polyrhythmischer Trick: Während Gitarre, Bass und Streicher im Dreiertakt spielen, hält das Schlagzeug stur im Vier-Viertel dagegen. Wir können dieser Sogwirkung gleich selbst nachspüren, wiederum dank des *Swingenden Schweinchens:* Ein 1980 in Rotterdam genau zur Sommersonnenwende mitgeschnittenes Konzert ist zehn Jahre später als Bootleg-Album veröffentlicht worden, und auch wenn die Tonqualität nicht die allerbeste ist, wird deutlich werden, warum der *Rolling Stone* „Kashmir" auf Platz 141 der *500 Greatest Songs Of All Time* führt ..

Led Zeppelin: Whole Lotta Love / Kashmir

Led Zeppelin live im Juni 1980 – ziemlich genau ein Vierteljahr später erstickte *John Bonham,* der geniale Drummer der Band, nach einer durchzechten Nacht im Haus von *Jimmy Page* an seinem Erbrochenen – kein schöner Tod, zumal für einen gerade mal 32Jährigen. *Led Zeppelin* lösten sich daraufhin offiziell auf; es gab später ein paar Reunions, bei denen mal *Phil Collins,* mal *Johns* Sohn *Jason Bonham* das Schlagzeug bediente. 1995 wurden *Led Zeppelin* in die *Rock and Roll Hall of Fame* aufgenommen, und in diversen Rankings steht *John Bonham* bis heute an der Spitze der weltbesten Rockdrummer.

Auch kein schlechter Schlagzeuger ist der 1957 in Brooklyn geborene *Vinnie Appice,* elf Jahre jüngerer Bruder von *Carmine Appice,* der schon bei *Vanilla Fudge* und später unter anderem für *Ted Nugent, Rod Stewart* oder *Ozzy Osbourne* getrommelt hat. 1980 ersetzte er bei *Black Sabbath* den während ihrer „Heaven And Hell"-Tour ausgestiegenen Schlagzeuger *Bill Ward;* das bei dieser Tour mitgeschnittene Doppelalbum „Live Evil" lege ich jetzt auf, denn mit „N.I.B." findet sich darauf noch so ein Riff-Fetzer, an dem wir in dieser Sendung nicht vorbeikommen. Um den Songtitel ist viel gerätselt worden; Fans vermuteten hinter den drei Buchstaben die Abkürzung für „Nativity In Black" – bei dem düsteren, vermeintlich gar satanischen Image der Band, das wohl eher ironische Attitüde war, vielleicht denkbar, aber: Sänger *Ozzy Osbourne* gab später zu Protokoll, er habe auf einem Drogen-Trip den Bart ihres Drummers *Bill Ward* mit einer Schreibfeder verglichen, „nib" im Englischen, und aus einer Laune heraus sei dies dann dessen Spitzname und zudem mit dazwischengesetzten Punkten zum Songtitel geworden, der mit dem Inhalt rein gar nichts zu tun hätte.

Gitarrist *Tony Iommi* kann hier jedenfalls zeigen, dass er einer der wichtigsten frühen Hardrock-Gitarristen war. Und *Ozzy Osbourne,* die eigentliche *Black-Sabbath*-Stimme der 1969 gegründeten Band, war zum Zeitpunkt dieser Liveaufnahmen bereits auf Solopfaden unterwegs; seinen Platz am Mikrofon hatte *Ronnie James Dio* eingenommen. Die Originalbesetzung von *Black Sabbath* kommt gleich danach zum Zuge mit jenem Song, der ihrer 1971er Tour den Namen gab und der durchgängig von einem einzigen, extrem reduzierten Riff lebt: „Paranoid" – keine drei Minuten lang ist diese Klage, das Schöne und Helle im Leben einfach nicht zu erkennen: *„Ich brauche jemanden, der mir die Dinge im Leben zeigt, die ich nicht finden kann / Ich kann nicht sehen, was wahres Glück bedeutet, ich muss blind sein…"*

Die Aufnahme wurde im April 1971 im *Falkoner Teatret* der dänischen Hauptstadt Kopenhagen mitgeschnitten; qualitativ grenzwertig, aber offenbar höchst

authentisch. Die Veröffentlichung besorgte kürzlich das Label *Dead Man Records* in einer auf 500 Exemplare limitierten Auflage – das Independent-Label hat seit 2017 etliche inoffizielle Livemitschnitte herausgegeben, unter anderem von *Deep Purple, Iron Maiden, Motörhead* und eben *Black Sabbath…*

Black Sabbath: N.I.B. / Paranoid

Ebenfalls zur härteren Fraktion zählt ein 1969 in London unter dem Namen *UFO* gegründetes Quartett: Sänger *Phil Mogg* und Schlagzeuger *Andy Parker* sind noch heute dort aktiv, seinerzeit komplettiert von *Mick Bolton* an der Gitarre und dem 2020 verstorbenen *Pete Way* am Bass. Bevor sich das Personalkarussell von *UFO* rund um die Konstante *Phil Mogg* heftig zu drehen begann (Wikipedia listet 16 Gitarristen auf, darunter bekanntlich auch *Michael Schenker* sowie *Bernie Marsden,* dazu acht Schlagzeuger, vier Bassisten und sechs Keyboarder), erschien 1972 die LP „UFO – Live" in der Ursprungsbesetzung. Die B-Seite startet mit einem Riff, an dem ich mir als Teenager die Finger wundspielte: „Prince Kajuku" – an der Komposition waren alle vier Bandmitglieder beteiligt.

Dann noch ein weiteres Stück, an dem ich mich in meiner weit zurückliegenden Amateurmusikerzeit versucht habe: „Hair Of The Dog" von *Nazareth,* 1968 in Schottland gegründet und stets bemüht, *„einen Mittelweg zwischen Hard Rock und Pop zu finden"* [25], wie *Frank Laufenberg* schrieb. So finden sich in der Bandhistorie neben Reißern wie „Broken Down Angel", „Changin' Times" oder „Bad, Bad Boy" und dem von *Joni Mitchell* geschriebenen „This Flight Tonight" auch echte Schmachtfetzen wie „Guilty" oder „Love Hurts". 1975 erschien ihr Album „Hair Of The Dog", das zum erfolgreichsten der Band in den USA wurde und heute als Referenzalbum in Sachen *Heavy Metal* gilt. Und der Titelsong überzeugte mich schon damals durch seinen rockigen Riff, der ihn heute in diese LiveRillen-Ausgabe bringt. Frontmann *Dan McCafferty* hielt der Band bis 2013 die Treue; heute singt für ihn der 1961 geborene *Carl Sentance*. In der aktuellen *Nazareth-*Besetzung, die oft gemeinsam mit *Uriah Heep* unterwegs ist, spielt noch Bassist *Pete Agnew,* seit 1999 rhythmisch unterstützt von seinem Sohn *Lee,* der damals den einer Herzattacke erlegenen Gründungsdrummer *Darrell Sweet* beerbt hatte. Die soundprägende Gitarre wurde mehrfach weitergegeben – nach dem Gründungsgitarristen *Manny Charlton,* der 1990 ausstieg, ist heute *Jimmy Murrison* für die Riffs verantwortlich.

Wir hören „Hair Of The Dog" vom 1981 veröffentlichten Doppel-Livealbum „'SNAZ".

---

[25] Frank Laufenberg: Rock- und Pop-Lexikon. Band 2, Düsseldorf, 1994, S. 1077.

UFO: Prince Kajuku
Nazareth: Hair Of The Dog

Die 50. *LiveRille* biegt nun auf der Zielgeraden ein, und den Schlusspunkt soll jener Song setzen, an den – so vermute ich zumindest – die meisten von euch gedacht haben werden, als ich eingangs die Stichworte *Rock-Riff* und *Luftgitarre* nannte: „Smoke On The Water" von *Deep Purple*. Die Geschichte des Songs ist oft erzählt worden, nicht zuletzt von der Band selbst, bevor die markanten Powerchords erklingen: Im Dezember 1971 hatten *Deep Purple* das mobile Studio der *Rolling Stones* gemietet, um im schweizerischen Montreux ihr Album „Machine Head" aufzunehmen. Im Casino von Montreux spielten *Frank Zappa* und die *Mothers of Invention,* als im Konzertsaal plötzlich Feuer ausbrach – ein Fan soll mit einer Signalpistole an die Decke geschossen haben. Das Casino brannte komplett aus, das gesamte Equipment der *Mothers* wurde ein Opfer der Flammen; Personen kamen glücklicherweise nicht zu Schaden. Über den Genfer See aber zog der Rauch in dichten, dunklen Schwaden: eben *Smoke on the Water and Fire in the Sky*... - der Text von Purple-Sänger *Ian Gillan* beschreibt die Geschehnisse dieses Abends ziemlich genau. An der musikalischen Umsetzung waren dann alle Instrumentalisten der Band beteiligt, wobei *Ritchie Blackmore* für den Gitarren-Riff, der diesen Song unsterblich machte, verantwortlich war. Simple Genialität auch der Aufbau des Einstiegsparts: Die Gitarre gibt den Riff vor, den die Hammondorgel aufgreift, um ihn quasi zu doppeln. Dann steigt das Schlagzeug ein, zunächst nur auf der Hi-Hat, dann mit der Snare als Betonung der Zwei und der Vier, es folgen Bassdrum und der grummelnde Bass, bevor *Ian Gillan* am Mikrofon loslegt. Aus dem Album „Machine Head", das im Frühjahr 1972 als sechste Studio-LP von *Deep Purple* erschien, wurde zunächst aber nicht „Smoke On The Water", sondern „Never Before" als Single ausgekoppelt. Weil sich aber „Smoke On The Water" bei den Livekonzerten sehr schnell als Favorit durchsetzte, schoben *Deep Purple* ein Jahr später eine Single mit dem Titel nach, der in den USA Platz 4 der *Billboard Hot 100* erreichte und später als separater Song in die *Rock and Roll Hall of Fame* aufgenommen wurde.

Für *Ritchie Blackmore,* den ambitionierten Gitarristen, war dieser Erfolg nicht unbedingt die Erfüllung seiner Träume; es gab sogar Konzerte, bei denen Blackmore kurzzeitig die Bühne verließ, um eben nicht jene Akkorde, auf die alle warteten, zum x-ten Male runterreißen zu müssen. Nach ersten Umbesetzungen – 1974 kam Bassist *Glenn Hughes* für *Roger Glover* und *David Coverdale* ersetzte Sänger *Ian Gillan* – stieg *Ritchie Blackmore* 1975 endgültig aus, woran auch die ständigen Reibereien mit dem eher an klassischen Songstrukturen als am Dampframmen-Rock interessierten Keyboarder *Jon Lord* ihre Aktie hatten. Als Gitarrist kam der noch junge, hoch talentierte *Tommy Bolin,* der zuvor bei der US-amerikanischen *James Gang* und mit dem Jazzer *Billy Cobham* gespielt hatte, in die gestandene Band – leider verstarb er bereits im Dezember 1976 nur 25jährig an einer Überdosis Heroin. Neben der Studio LP „Come Taste The Band" entstand während seiner *Deep-Purple*-Zeit auch ein offizielles Livealbum, „Last Concert In Japan" betitelt. Und dass *Tommy Bolin* die Powerchords des legendären Riffs draufhatte, werden wir gleich hören – die 1977 erschienene Liveplatte ist übrigens ausdrücklich seinem Andenken gewidmet. Davor aber erst noch *Ritchie Blackmoore* selbst, und zwar von den Livealben „Made in Japan" von 1972 sowie „Deep Purple Live In London" von 1974.

Deep Purple: 3 x Smoke On The Water

Das waren sie also, die 50. *LiveRillen,* heute mit einem reichlichen Dutzend der berühmtesten Rock-Riffs der 1960er und 70er Jahre. Den Schlusspunkt setzen jetzt *Deep Purple* in erneut veränderter Besetzung, nun mit dem ex-Gitarristen der *Dixie Dregs, Steve Morse,* und mitgeschnitten 1999 bei ihrem Open-Air-Konzert im *Melbourne Park* in Australien. Da sind auch *Roger Glover* und *Ian Gillan* wieder mit von der Partie, und *John Lord* ist noch dabei, der leider 2012 einer Krebserkrankung erlag. Seitdem drückt ex-*Colosseum*-Keyboarder *Don Airey* die Tasten bei *Deep Purple,* die in dieser Besetzung am 15. Juli 2022 die hallesche Peißnitzbühne rocken werden.

Tja, und als hätte *Steve Morse* das heutige Motto gekannt, streift er zuvor noch mit seiner Gitarre durch die Rock-Riff-Historie, und ihr werdet einiges wiedererkennen, was wir in den vergangenen zwei Stunden genießen durften.

Deep Purple: Smoke On The Water

Quellen:

- The Beatles: Live In Japan 1966, LP, Limited Edition (0207/1000)
- Black Sabbath: Live In Copenhagen 1971, LP, Dead Man Records, 2018
- Black Sabbath: Live Evil, Do.-LP, Vertigo, 1983
- Cream: The Best Of Cream Live, Do.-LP, Karussell, 1972
- Creedence Clearwater Revival: The Concert Oakland 1970, LP, Fantasy, 1980
- Deep Purple: Made In Japan, Do.-LP, Electrola, 1972
- Deep Purple: Live In London, LP, EMI/Electrola, 1974/1982
- Deep Purple: Last Concert In Japan, LP, EMI/Electrola, 1977
- Deep Purple: Total A Ban Don Australia '99, Do.-LP, Eagle, 2012
- Free: Live in Stockholm 1970, Do.-LP, Bahrein Multimedia Company, 2015
- Iron Butterfly: Live, LP, Atlantic 1970 / WEA 1975
- The Kinks: Live At Kelvin Hall, LP, Ariola, 1967
- Led Zeppelin: Riverside Blues, LP, Swingin' Pig Records, ca. 1990
- Led Zeppelin: Live In Rotterdam (21. Juni 1980), Do.-LP, Swingin' Pig Records, ca. 1990
- Nazareth: 'SNAZ, Do.-LP, Vertigo, 1981
- The Rolling Stones: Get Satisfaction … If You Want! (The Best Of BBC Radio Recordings 1063 – 65), Do.-LP, Swingin' Pig Recordings, 1989
- The Rolling Stones: Get Your Leeds Lungs Out! (1971), Do.-LP, Swingin' Pig Records, 1989
- The Rolling Stones: Flashpoint, Promotone/Sony Music, 1991
- UFO: Live, LP, TELDEC, 1972
- The Who: Live At The Fillmore East 1968, 3-LP-Set, Polydor, 2018

Index der Bands, Musiker und Stichworte

(nur Hauptnennungen – bitte jeweils auch die Folgeseiten beachten)

Inhaltsverzeichnis

Nachsatz

Für meine Recherchen habe ich unter anderem die folgenden Quellen genutzt:

- Barry Graves/Siegfried Schmidt-Joos/Bernward Halbscheffel: Das neue Rocklexikon. 2 Bände, Hamburg, 1998 (daraus alle Zitate von S. S.-J.)
- Frank Laufenberg: Rock- und Pop-Lexikon. 2 Bände, Düsseldorf, 1995
- Frank Laufenberg: Pop Diary. Daten, Fakten, Geschichten, 2 Bände, München, 1995
- Manfred Langner: Beat-Lexikon. Vom Mersey-Beat bis zum Bubblegum – Die Sound-Invasion der Sixties, Berlin, 1999
- Thomas Jeier: Das neue Lexikon der Country Music. München, 1992
- Jürgen Wölfer: Lexikon des Jazz. München, 1993
- Ca. 200 weitere Musikbücher, Broschüren und Zeitschriften (z. B. „GoodTimes") sowie aktuell (II/2021) 965 Live-Alben in meinem Regal
- Tagespresse
- Wikipedia (deutsch/englisch)
- Diverse Band- und Fan-Websites im Internet

Nicht auszuschließen in der Darstellung sind natürlich objektive Fehler oder Ungenauigkeiten. Ich freue mich deshalb über jegliche Hinweise und Korrekturen unter der Mailadresse **liverillen@gmx.de**!

Die im Text geäußerten Bewertungen sind rein subjektiv. Das mag mancher ganz anders sehen. Vielleicht bieten die LiveRillen euch und Ihnen aber Anregungen, sich mit den genannten Künstlern, Bands und Konzertereignissen erneut und vertiefend auseinanderzusetzen. Die meisten Platten sind in guten Second-Hand-Geschäften und/oder im Internet erhältlich; viele Konzertmitschnitte sind zudem auf diversen Audio- und Videoplattformen zu finden.

Nicht zuletzt möchte ich alle am Thema Interessierten einladen zu meiner monatlichen Rundfunksendung **LiveRillen** auf **Radio Corax**, UKW 95,9 (Raum Halle/Leipzig) sowie weltweit im Netz unter **https://radiocorax.de/** - jeweils **am ersten Freitag des Monats von 16 bis 18 Uhr** sowie als Wiederholung **am dritten Sonntag desselben Monats von 12 bis 14 Uhr**. Jeweils 12 Sendemanuskripte erscheinen zudem in leicht bearbeiteter Form als Buch. All das ist kein Ersatz für den livehaftigen Konzertgenuss, wohl aber eine mögliche Ergänzung.

In diesem Sinne: *„Let's listen to the music – and let's talk about it!"*

LiveRillen live – eine musikalische Lesung

Unterhaltsame Ausflüge in die livehaftige Geschichte der populären Musik der vergangenen sechs Jahrzehnte, angereichert durch humorvolle Anekdoten, interessante Fakten, verborgene Zusammenhänge und lebendigen Zeitgeist – das ist das Konzept der „LiveRillen", die ich als Rundfunksendung im Frühjahr 2018 „erfunden" hat. Seither stelle ich monatlich zwei Stunden lang thematisch ausgewählte Konzertereignisse aus sechs Jahrzehnten auf dem nichtkommerziellen Lokalsender Radio Corax vor, der im Raum Magdeburg/Halle/Leipzig auf UKW 95,9 sowie natürlich weltweit im Netz zu empfangen ist. So entsteht eine ganz besondere Sicht auf die Musik – sozusagen aus der Bühnenperspektive, die auch den aufschlussreichen Blick hinter die Kulissen ermöglicht. Das alles wird so aufbereitet, dass keineswegs nur Musikexperten auf ihre Kosten kommen, sondern daraus ein die Generationen verbindendes Vergnügen wird!

Der Erfolg der Sendung hat mich 2021 dazu bewogen, die überarbeiteten Sendemanuskripte nach und nach in Buchform zu veröffentlichen.

Und nun kommt der nächste Schritt: **Die livehaftige Lesung der LiveRillen!**

Die Veranstaltung ist für Bibliotheken und Literaturhäuser, Schallplattengeschäfte und Musik-Stores, Buchhandlungen und Lesebühnen konzipiert, dauert ca. 90 bis 100 Minuten und kann gern durch eine Pause unterbrochen werden.

Das Publikum darf übrigens selbst bestimmen, welche LiveRillen-Themen während der Lesung vorgestellt werden. Und in jeweiligen Kurzfassungen erklingen dann auch die dabei erwähnten Musiktitel – ganz authentisch so, wie sie auf Vinyl verewigt sind. So wird die Kulturgeschichte eines guten halben Jahrhunderts nacherlebbar, und für viele Zuhörerinnen und Zuhörer dürfte dies verbunden sein mit Erinnerungen an ihre eigene Jugend!

Anfragen zu Terminen und Konditionen bitte an:

Prof. Dr. **Paul D. Bartsch**
Klausbergstraße 4
06114 Halle (Saale)
Mail: liverillen@gmx.de
Web: www.zirkustiger.de

Raum für Notizen